网络预约出租汽车规制理论与实践

李燕霞 等 编著

人民交通出版社股份有限公司

北京

内 容 提 要

本书站在互联网时代出租汽车发展最前沿，回望传统出租汽车发展历程及规制规律，介绍并分析世界有关国家网络预约出租汽车的起源发展、管理立法和未来走向，梳理并研究我国网络预约出租汽车规范管理的探索与实践、改革与创新，为出租汽车管理部门、企业、科研人员了解国内外网络预约出租汽车发展与规制提供有益参考。

图书在版编目（CIP）数据

网络预约出租汽车规制理论与实践／李燕霞等编著．— 北京：人民交通出版社股份有限公司，2024.1
ISBN 978-7-114-19235-7

Ⅰ.①网… Ⅱ.①李… Ⅲ.①出租汽车—旅客运输—交通运输管理—研究—中国 Ⅳ.①F572.7

中国国家版本馆 CIP 数据核字(2023)第 256761 号

Wangluo Yuyue Chuzu Qiche Guizhi Lilun yu Shijian

书　　名：	网络预约出租汽车规制理论与实践
著 作 者：	李燕霞　等
责任编辑：	牛家鸣　潘艳霞
责任校对：	赵媛媛　龙　雪
责任印制：	刘高彤
出版发行：	人民交通出版社股份有限公司
地　　址：	(100011)北京市朝阳区安定门外外馆斜街 3 号
网　　址：	http://www.ccpcl.com.cn
销售电话：	(010)59757973
总 经 销：	人民交通出版社股份有限公司发行部
经　　销：	各地新华书店
印　　刷：	北京科印技术咨询服务有限公司数码印刷分部
开　　本：	787×1092　1/16
印　　张：	8.5
字　　数：	160 千
版　　次：	2024 年 1 月　第 1 版
印　　次：	2024 年 1 月　第 1 次印刷
书　　号：	ISBN 978-7-114-19235-7
定　　价：	60.00 元

(有印刷、装订质量问题的图书，由本公司负责调换)

《网络预约出租汽车规制理论与实践》
编　写　组

主　编：李燕霞

成　员：李忠奎　欧阳斌　李晓峰　马睿君　李　胤

　　　　周艾燕　丁芝华　李　琼　涂梅超

PREFACE | 前　　言

出租汽车是城市综合交通运输体系的重要组成部分,在方便人民群众出行、提升城市服务能力、解决社会就业、促进经济发展等方面发挥着积极作用。

近年来,网络预约出租汽车(简称"网约车")的产生和发展,从实践和理论上对出租汽车管理提出了新挑战。面对不同于传统出租汽车运营模式的网约车运营带来的冲突和争论,世界各有关国家管理部门和立法部门在规范管理、推进立法等方面进行了探索。我们选取美国、英国、巴西、日本、新加坡、印度等国家,介绍了这些国家有关网约车的监管及立法方面的探索实践。

我国对网约车管理进行了积极探索,出台了《网络预约出租汽车经营服务管理暂行办法》及一系列规范性文件、标准规范,构建起了我国网约车规范制度体系,并随着实践的发展不断完善。本书系统梳理了我国传统出租汽车改革发展历程,重点研究了网约车的产生和规范发展情况,介绍了国家层面和地方层面的实践探索,在总结实践经验的基础上思考未来的发展方向。

在加快建设交通强国的时代背景下,我们有必要也一定能够在网约车的管理、立法等方面,不断深化认识,创造新鲜经验。

编著者
2023 年 2 月

CONTENTS 目 录

第一章 国外传统出租汽车的发展与规制 ········· 001

第一节 传统出租汽车的发展历程 ········· 002
第二节 传统出租汽车的规制方法 ········· 004
第三节 传统出租汽车规制的基本理论 ········· 005
第四节 传统出租汽车规制改革 ········· 009

第二章 国外网络预约出租汽车的发展与规制 ········· 013

第一节 总体情况概述 ········· 014
第二节 国外典型国家网络预约出租汽车发展 ········· 018

第三章 我国网络预约出租汽车的产生与发展 ········· 065

第一节 传统出租汽车的产生与发展 ········· 066
第二节 网络预约出租汽车的产生与发展 ········· 071

第四章 深化出租汽车行业改革的政策 ········· 075

第一节 政策出台背景和过程 ········· 076
第二节 《国务院办公厅关于深化改革推进出租汽车行业健康发展的指导意见》的主要内容 ········· 079
第三节 《网络预约出租汽车经营服务管理暂行办法》的主要内容 ········· 085
第四节 配套政策制度 ········· 092

第五章 各地网络预约出租汽车管理政策和实践探索 ········ 099

  第一节 各地政策的差异化创新性探索 ················· 100

  第二节 政策的合法性与合理性考量 ················· 103

  第三节 政策的修正完善 ································· 110

结语 ·· 115

参考文献 ·· 117

后记 ·· 127

CHAPTER ONE 第一章

国外传统出租汽车的发展与规制

第一节　传统出租汽车的发展历程

传统出租汽车包括巡游出租汽车和预约出租汽车。巡游出租汽车通常称为"出租车",我国立法中则简称为"巡游车"。预约出租汽车简称"约租车",网络预约出租汽车是约租车的一种。传统出租汽车是相比较网络预约出租汽车而言的。对于网络预约出租汽车,各国称谓不一,我国立法中简称"网约车"。

一、巡游车的诞生与发展

1588 年,伦敦出现了出租马车(Hackney Coaches),最初在泰晤士河畔的固定站点等待乘客租用。1625 年,伦敦有 20 辆出租马车,初期出租马车是在酒店外以排队轮租的方式运营,出租汽车行业最古老的运营模式由此产生。1634 年,出租马车得到了许可,以巡游方式沿路招揽乘客。1637 年,英国国王批准了 50 个出租马车牌照。1654 年,牌照上限被宣布为 300 个;驾驶出租马车成为需要许可的职业,200 名出租马车车夫获得许可,出租汽车行业首次使用(驾驶人员准入)质量规制。1660 年,英国议会颁布法令,向出租马车征收 20 先令的税和 5 英镑的牌照费,用于养护道路。1661 年,设立了一名负责出租马车规制事务的专员。1662 年,首次使用数量规制,伦敦出租马车被限制在 400 辆。1831 年,《伦敦出租马车法》成为第一个对出租马车业进行规制的法规,开始对费率结构进行规制,经济规制概念被正式引入。1891 年,德国人发明了计价器,被命名为 Taximeter,计价器也最早在德国的出租汽车上使用。技术进步不断改变着出租汽车行业,随着燃油车的出现,到了 19 世纪末 20 世纪初,出租汽车开始迅速取代了出租马车。1907 年,伦敦出租汽车被强制安装计价器,人们也开始称出租汽车为 Taxicabs,简称 Taxis。

纽约是美国最早出现机械动力出租汽车的城市。1896 年,纽约率先引入了电动出租汽车。1907 年,纽约首次出现内燃机驱动的出租汽车。此后纽约出租汽车的数量便迅速增长。1937 年《Haas 法》实施前,纽约出租汽车的数量和费率水平受到规制,市场需求支配着服务供给和价格波动。

二、约租车的崛起与兴盛

约租车诞生于巡游车中,最初巡游车以电话方式提供预约服务。1912 年,纽约黄色出租汽车公司成立,几经合并,1924 年成为纽约最大的出租汽车公司,拥有 1704 辆出租汽车,并以大量资金与酒店等达成垄断经营协议,大大挤压了小出租汽车企业的生存空间。为与其竞争,很多小企业将车辆喷成类似颜色,并设立电话预约服务,预约服务在竞争中产生。这一时期约租车明显的特点是:巡游与预约方式交叉,未形成专门服务,也没有针对"巡游"和"约租"的差异化服务进行监督管理。

20世纪50年代后,在市场、技术等驱动下,纽约、伦敦等城市的约租车服务如火如荼发展起来。与此同时,专门以预约方式提供服务的约租车在社区自发出现。此类服务也需要取得出租汽车经营牌照,但只能通过电话、电信等方式招车,车辆没有明显特征性标识(如颜色、顶灯等),以避免巡游、扬招,更重要的是,其价格等主要由企业根据市场决定。如,纽约出现了便利车和黑色轿车,通过无线电调度的方式为客户提供电话预约服务,不在街道上或出租汽车站点载客。

约租车服务具有多样性、高品质、价格灵活等优势,在纽约、伦敦等城市得到快速发展,在规模上很快超过了在大街上巡游揽客的出租汽车,在一些城市,约租车数量甚至是出租汽车的2~3倍以上。各地监管机制也相应建立。如,纽约禁止巡游揽客的出租汽车提供预约服务,而约租车也不得以任何形式接受"巡游"和"站点候客"招租。经过七十多年的发展,约租车已经成为出租汽车行业的主要组成部分。

三、传统出租汽车的招租方式

传统出租汽车包括巡游车和约租车,从招租方式上来讲,巡游车主要有巡游、站点候客、电召等方式;约租车主要有电话、电信、互联网等预约方式。

巡游,即出租汽车在大街小巷沿路行驶寻求招租机会,巡游招呼揽客,乘客可以在路边通过举手扬招,完成出租汽车承租过程。国际惯例以及绝大部分国家往往规定驾驶员不得在乘客上车前询问目的地,挑选乘客的拒载行为属于严重违反运营管理规定的行为。

站点候客,即乘客和出租汽车在固定地点,比如,机场、火车站、汽车客运站、港口、公共交通枢纽等客流集散地,依次排队,按序完成承租过程,出租汽车驾驶员和乘客都没有权利相互挑选,乘客只有在上车后才能告知目的地。

电召,又称电招,即乘客通过电话、电信、互联网等方式招租出租汽车,可即时招租,也可预约未来的出行需求。在电话、电信方式招租的情况下,电召中心往往会询问乘客目的地,以便确保出租汽车能够按时送达乘客,驾驶员通常不被告知乘客目的地信息,以避免驾驶员挑客。打车软件招租形式是近年来的新生事物,利用移动互联网技术,通过手机应用软件完成招租,也是电召的一种方式。这种招租方式,出租汽车驾驶员可以提前知道乘客的目的地,可以挑选想承接的乘客。

约租车最初也是主要通过电话、电信等方式预约招租。手机打车软件出现之后,通过互联网预约的方式招租得到广泛应用。在互联网预约的情况下,网约车平台通常会把乘客的目的地告知驾驶员,驾驶员则可以挑选乘客,乘客也可以预先知道预估的车费。目前我国约租车的方式主要是网约车。

第二节　传统出租汽车的规制方法

出租汽车运营具有本土化、区域化特点,世界各国的出租汽车行业及其规制的发展呈现出广泛的差异性。出租汽车行业在同一个国家的发展也不尽相同。

对传统出租汽车进行规制,世界上通用的方式有三种:数量规制,即对经营者数量和出租汽车数量进行管控;质量标准规制,即对经营者(主要是驾驶员)准入进行管控;费率规制,即实行固定费率或自由定价,或者规定最高费率和最低费率。

一、数量规制

数量规制涉及对街上出租汽车数量(市场准入)进行某种程度的规制和出租汽车市场供应控制。数量规制通常通过出租汽车牌照颁发制度来实施,广泛应用于出租汽车行业。获得出租汽车经营牌照的经营者必须按照规定经营。如果违反相应规定,将可能被吊销牌照。很多城市规定了出租汽车经营牌照的上限,如巴黎、都柏林、纽约等。布鲁塞尔也规定了上限,为残疾人士服务的车辆和环保车辆可适当增加,但也不得突破上限。

确定牌照数量,有一定的标准,通常有客观标准和主观标准。客观标准,主要考虑城市人口比例或者类似情形。如,比利时弗兰德斯地区,采用的标准是每1000个居民一个牌照。德国有的城市采用诸如居民出行的里程数量和出租汽车数量之间达到一定比例的客观标准。主观标准也是最常用的标准,往往与公众需要、额外需求、驾驶员超额利润及其他社会原因有关。因此,政府当局需要进行评估,以决定增加或者减少牌照数量。无论采取主观标准还是客观标准,地方当局或行政长官都享有牌照数量的最后决定权。

二、质量标准规制

出租汽车经营者职业进入的质量标准涉及质量要求,所有经营者在获得许可从事出租汽车经营者职业之前必须满足该质量要求,这些要求直接适用于出租汽车行业的新入市者(经营者)。严格的数量管控将大幅降低新入市者数量,可确保熟练经营者的利益。质量标准还可直接保证经营者的最低能力和质量水平。关于经营者职业能力及其良好声誉,以及偿付能力、经济或者财务状况等要求,也是针对经营者的最常见的质量要求。

出租汽车驾驶员要求是最常见的出租汽车经营者职业进入的质量标准。通常,主要是一些针对出租汽车驾驶员的资质要求。驾驶员获得出租汽车驾驶员从业资格证或同类许可证,才有资格从事出租汽车驾驶职业。获得出租汽车驾驶员从业资格证,需要满足驾驶技能、区域地理知识等专业性要求和医疗卫生健康要求。同时,还要考虑职业适合性,如是否有犯罪记录或其他不良行为。

犯罪记录审查是职业评估最受认可的质量要求。驾驶员直接和乘客打交道,直接与乘客相关的犯罪问题可通过出租汽车驾驶员犯罪记录审查得到较好的处理。

专业技能要求对于保证出租汽车经营者的专业性是十分重要的。大多数国家专业技能的要求都包含了诸如相关法律知识、经营管理以及会计学和经济学的内容,并通过笔试对专业技能作出评估。如,爱尔兰规定,经营者必须持有有效的出租汽车驾驶员从业资格证件,驾驶员需要拥有良好的名声,受爱尔兰警察(警方)认可,还需要通过关于出租汽车的笔试。

其他质量和服务要求涉及提供的服务质量及服务本身。大多数国家的要求都与车辆、驾驶员和经营者有关。这些类型的要求在包括出租汽车在内的大多数提供个人服务的行业中是非常常见的。质量和服务要求的主要目的在于确保最低水平的服务质量。

三、费率规制

不同国家对于费率规制选择了不同的方法。通常对巡游车采取固定费率,而对约租车采取自由定价政策。也有的国家采取最高或最低费率。大多数情况下,费率规制是由国家制定的,地方当局通常有权决定其实际收费。

第三节 传统出租汽车规制的基本理论

出租汽车服务是一项非常必要的公共服务。出租汽车是市内或市际公共交通服务正常运转的必要补充交通方式,对部分人群而言,出租汽车可能是唯一可用的交通方式。对于无计划旅行(出差、发生紧急事件等),出租汽车服务也是一项配套服务。因此,政府有义务保证出租汽车服务的可用性及正常运行。

一、出租汽车基本问题:实施规制的必要性

为何需要对出租汽车客运服务进行规制?出租汽车行业的服务与市场上杂货店、餐

馆、美容院等提供的服务有何区别？关于上述问题，有两种不同的观点。第一种观点认为，当地机关或政府在私营行业的服务提供方面不扮演任何角色，任由市场根据供需关系进行自我平衡。第二种观点认为，由于经济学家所谓的"市场不完善性"会阻碍市场实现供需平衡，因而政府机关有必要进行干预。根据经济学的观点，市场不完善性有三种形式：外部影响、公共利益和消费者能力不足。

出租汽车市场上也存在诸多此类不完善性，主要表现为：①外部影响，如交通拥堵、空气污染、出租汽车站拥挤、城市形象等。②公共利益，如公共服务、服务可用性、涉及公共安全、低利润领域服务等。③消费者能力不足，如，呼叫出租汽车时或在出租汽车站时不会议价，外地消费者不熟悉道路环境、国外消费者语言不通等。

根据公认的原则，规制仅在弥补市场不完善时才是必要的。因此，对出租汽车市场进行规制的理由在于，出租汽车市场具有不完善性，也就是通常所说的市场失灵。上述三个方面是市场失灵的典型表现。一个完善市场的特征是有足够多的交易方，其中任何一方无力决定价格，资源要素充分流动，信息对称。

从出租汽车市场的特点来看，有如下规制理由：①个体乘客议价能力弱和投诉能力弱，规制正是要解决不能自由交易而致消费者不利的问题。②出租汽车属于随机消费，很难通过市场力量予以优胜劣汰，出租汽车消费区别于其他服务，有时空的限制，规制可以减少恶性竞争。③出租汽车是一种不可或缺的公共服务，部分人群对其服务具有依赖性，不同于一般商品或服务。④客运交通是安全极度敏感的行业，需要实施一系列前置的安全机制，规制有利于实施为乘客提供安全出行保障的许多前置举措。⑤规制有利于交叉补贴机制的实施，出租汽车在整个区域执行相同费率，得以形成交叉补贴机制，即以高峰收入补贴平峰、高密度区域收入补贴低密度区域，如果没有这样的规制，平峰时段和低密度区域的服务水平将会明显下降，甚至得不到有效服务。

出租汽车数量规制体系是确保出租汽车稳定发展的重要举措，如果在执行过程中忽视数量、服务质量、价格、驾驶员收入动态协调机制的建立，出租汽车市场也很容易出现各种问题，具体表现为：①数量短缺。如果数量调整机制中调整时间间隔过长，容易形成供应短缺，最终形成区域性或高峰期间"打车难"。②阻碍调整。如果出租汽车经营许可证市价过高，容易形成利益集团，而利益集团往往会试图阻止或推迟数量调整，或试图缩减新增出租汽车的数量。③区域差异。数量管控容易造成出租汽车服务集中在需求高的区域，如市中心商业区、文化娱乐、旅店集中地区等，低收入地区和市郊区域会产生出租汽车供应不足。④不易调价。费率规制往往会造成出租汽车调价困难，出租汽车调价机制需要听证才能调整价格，城市政府往往尽可能地推迟出租汽车价格调整，甚至很长一段时间都不调整出租汽车价格,直到价格矛盾激化后才会着手调价。⑤劳工矛盾。出租汽车规制会造成部分无出租汽车经营许可证的驾驶员与经营许可证拥有者产生矛盾,因为这些驾驶员必须上缴使用许可证的费用,当由于整体经济状况或出租汽车市场需求不理想时,容易产生经济纠纷。

纵观世界出租汽车发展史,很少有政府会同意让出租汽车运输处于完全解除规制状态。即便是最激进的解除规制者,也仍主张维持车辆安全要求或驾驶知识的要求。到了20世纪80年代后,解除出租汽车规制的弊端开始显现出来,后文将会述及。

二、传统出租汽车规制目标

在所有西方国家的大城市中,出租汽车规制均有着悠久的历史,以下列举的是各国政府对传统出租汽车实施规制的主要目标。

(一)公共安全

为实现这一目标,政府首先要求确保车辆都处于良好的机械状态,且车辆驾驶员的健康状态和品行均可被接受。其次是对驾驶员的保险范围进行要求,用以补偿事故受害者的损失。

车辆强制技术检查可追溯至18世纪,而早在17世纪就已引入了驾驶员规制措施,以防止低俗粗鲁、收受赃物的人成为马车夫。1948年7月,巴黎一名出租汽车驾驶员及车上4名乘客死亡,原因是驾驶员患有传染病,继而传染给了4名乘客。此后,巴黎开始要求对出租汽车驾驶员进行体检。

(二)消费者保护

消费者保护涉及收费的限定,以防止在乘客不能协商服务费用时驾驶员漫天要价,并作出强制安装出租汽车计价器的规定,以保证与服务费用一致。同时,驾驶员姓名和车牌号码必须贴在清晰可见的位置,以方便乘客举报违规现象。

18世纪早期,巴黎出租马车开始进行编号。1774年,要求出租马车编号必须贴在车辆的后面、侧面及车内。

(三)服务可用性

出租汽车经营者享有的特权与特定的公共服务义务有关:服务随时随地的可用性(即24h全天候服务)、提供服务的责任和电话使用等。

17世纪,出租马车车夫还被要求"在任何时候,如有要求,必须提供运送服务"。这一目标带来了若干旨在规制经营者提供服务的措施。

(四)服务质量

服务质量涉及车辆质量(尺寸和清洁状况)的监控和驾驶员能力(服务区域相关地理知识的了解、社交能力)。出租汽车服务质量与城市形象声誉之间存在关系。出租汽车被称为"流动的城市名片",出租汽车驾驶员作为城市的"礼仪大使",如果对待游客的态度极差,将会损害城市的声誉。

(五)合理的服务营利性

出租汽车服务的合理营利性与服务可用性和服务质量息息相关。要防止同一市场上出现过度竞争,导致盈利性缩减,从而造成服务质量和安全性下降。这一目标在于设定收费、限制出租汽车数量。

(六)减少交通流量及降低污染

城市如果受交通或空气污染问题困扰,就会试图通过禁止沿街载客、建立出租汽车站点,甚至超过限制出租汽车数量来减少路上车辆过多所带来的不便。

三、限制出租汽车牌照数量的考量

在欧美城市,限制出租汽车数量是一种相当普遍的方式,其理由如下:①避免交通拥挤带来的人群密集和污染问题;②保证经营者一定程度上的盈利性;③避免破坏性竞争;④缩短等候出租汽车时间;⑤有利于进行公共安全控制、消费者保护和提升服务质量。

如果不能对出租汽车牌照数量进行限制,再加上没有经营者准入标准,这可能会导致:①大量新经营者的涌入;②经营者普遍低利润;③较低的出租汽车使用率;④出租汽车拥有较高的费用;⑤出租汽车提供较差的服务质量;⑥市区及附近地区严重的交通拥堵。

出租汽车的特征之一是市场准入成本较低,驾驶员拥有一辆车、一张机动车驾驶证,取得驾驶员从业资格证便可从事运营。在没有规制的情形下,市场准入的低成本意味着出租汽车业将吸引许多人就业。独立的出租汽车驾驶员作为个体经营者涌入市场,堵塞街道,降低服务质量和可靠性。在20世纪30年代经济低迷期,这种现象出现在美国的许多北部城市,迫使当局对出租汽车服务作出规定,尤其是限制出租汽车牌照数量。在美国,同一时期,公共运输机构在政策上批准对出租汽车数量进行限制,禁止出租汽车提供公共运输服务,尤其是禁止以小型公共汽车的方式提供服务。

各国使用了多种方法来设定许可的在指定区域内提供服务的出租汽车数量。下列是对出租汽车牌照数量进行控制的主要分类,按照严格程度从高到低排序:①强制规定上限。以满足当地需要为前提限制牌照数目。②比例应用。通常基于所服务地区的人口数。在多伦多,使用的比例较为复杂,不仅根据当地人口进行限制,而且考虑了通勤者、飞机乘客和会议参加者的数量。③必要性证明。在新牌照提供前,申请人必须提供该证明。④特许经营体制。主管机构通过特许经营合同授予一定数量的车辆的经营出租汽车的权利,并收取特许费。⑤最低标准。市场准入是以经营者符合主管机关设定的最低标准(车辆、保险专业培训、驾驶员知识、服务有效性、每个公司的出租汽车数量)为前提条件。有些标准非常严格,例如,在伦敦,采取自由准入,完全解除规制,但专业驾驶员的技术必须经受非常严格的考核。

限制牌照数量的规定可能存在以下潜在隐患:①该限制可能妨碍产生面向大众的新型计程车式服务。②为牌照带来市场价值,牌照在地下市场交易,而主管机关对这种行为却视而不见;当这种行为被批准时,牌照可能以相当高的价格出售。③对刚进入该市场的经营者来说,购买牌照的成本会造成严重的经济负担,因此,他们不能购买高质量的车辆,破产风险很高;有时可能导致不合法的行为,偶尔会接近于放高利贷性质(如牌照租赁、虚假经营者、分期合同和投机行为等)。④经营者有时可能更关心保护他们牌照的市场价值而不是为公众提供高质量的服务。⑤如果有些服务经营者没有提供,主管机构会非常难找到一种更为公平的发行新牌照的方式。

要达成上述诸多规制目标,限制甚至减少牌照数量必须与其他措施相结合,这些措施包括提高服务质量、开放新市场以及提高驾驶员技能。这些措施只能在中长期才产生效应。

第四节 传统出租汽车规制改革

一、解除规制的实践

(一)美国:解除市场准入和费率规制

20世纪20年代末至30年代,美国大多数城市的出租汽车行业受到市或州规章的规制。经济大萧条之后,工作难找,进入出租汽车行业的成本很低,经营者纷纷涌入,行业竞争激烈。20世纪70年代初,美国兴起了一股反政府管控的思潮,其思想核心是认为出租汽车政府定价和行业准入体系必然导致资源浪费与低效服务,同时又限制了交通运输服务对象选择服务种类和价格体系。20世纪70—80年代,一些美国城市陆续解除了出租汽车规制,主要体现在对市场准入和费率规制的解除。

美国解除规制的影响主要体现在三个方面:一是出租汽车数量急剧增长,主要表现在飞机场和出租汽车招呼站。二是拒载情况增加。供应增长,需求并未增长。拒载、车龄增加是解除规制的主要结果。对于出租汽车在市场中的份额不大的小城市则影响较小。三是所有解除规制的城市都出现了价格上涨。在招呼站市场比电话预约市场表现更加明显。

20世纪90年代前后,欧洲一些国家借鉴美国的经验,相继对出租汽车行业进行了解除规制的改革,比较典型的有瑞典、爱尔兰、荷兰等国家。

(二)瑞典:全面撤销规制并强化质量标准

1990年7月,瑞典全面放松出租汽车业规制,即解除数量和费率规制,对许可的经营区域进行合并,出租汽车可在全国范围内运营,减少入行标准限制,取消加盟汽车中心的强制性要求,引入了出租汽车增值税。解除规制的后果是车辆更多了,车费增加了,许多公司破产了,每辆车的使用效率也降低了,大城镇地区驾驶员工资降低了25%,犯罪活动也增多了。出租汽车使用率的减少并没有抵消供应的增长,最终出租汽车服务的可获得性增加了。而在乡村地区,出租汽车数量没有持续增长,但价格上涨了,涨幅明显高于城市。与城市地区和电话预约市场相比,农村地区和招车市场(出租汽车招呼站和路边招呼站)总体费用增加的幅度较大。

在解除规制的同时,瑞典出台新法规,对出租汽车驾驶员从业资格证的获得设立了更加严格的制度,对经营者也有了更加严格的要求。为了让车费竞争机制充分发挥作用,对车费信息公开作出了严格规定,明确要求出租汽车公司对所有的车辆都要有统一的收费表,并明确每一辆出租汽车要按照标准收费。

(三)爱尔兰:取消准入规制,严格车费规制

2000年以前,爱尔兰的出租汽车在车费和市场准入方面都受到严格规制,几乎不发放新的牌照。自2000年11月下旬起,爱尔兰除保留费率规制和某些标准规制外,数量规制不复存在,经营者申请经营牌照的条件是对入行资质的最低要求,出租汽车市场全面开放。爱尔兰解除规制的经验教训表明:当出租汽车市场准入自由化,且并未引入质

量规制等措施时,经营者数量会增加,每辆车使用率下降;但需求并未同步增加,行业利润反而下降,对质量规制和车费规制造成压力。当车费受到限制时,降低质量可能是增加利润的唯一方法。新入市者主要集中在巡游招车和站点候客市场,而不是电话预约市场。出租汽车服务可获得性的增加使顾客候车时间相对减少。爱尔兰《2003年出租汽车规制法案》提出对出租汽车行业重新规制,提高了出租汽车行业入行标准,强化了日常运营监管,继续实行最高费率制。

二、从解除规制到恢复规制的经验教训

(一)北美洲地区实践

在美国,20世纪80年代的解除规制运动对出租汽车行业造成了巨大影响,许多城市都解除了规制。出租汽车规制放松后无一例外地导致了城市的出租汽车数量过剩,供应过量,分配到每个驾驶员的营收大大降低,有些已无力维持最低的收入标准及更新车辆要求,路边扬招市场占比较大的城市,很快就放弃了无规制体系。有些城市配置了较多的路边扬招站,由于出租汽车供应过剩,等候时间过长,不仅降低了驾驶员的收入,同时也影响了出租汽车周转效率。出租汽车过剩的另一层面的压力是价格,驾驶员不断要求涨价、挑客、短途拒载、绕道、服务品质降低的种种陋习越来越严重。

由于解除规制的不良影响,北美洲很多城市又重新实行了规制,恢复了出租汽车行业的准入规制和价格规制。如,波士顿、巴尔的摩、多伦多、蒙特利尔、温哥华、西雅图等城市重新恢复了出租汽车数量规制体系,这也给最初那些城市放弃出租汽车数量规制体系的尝试基本画上了句号,事实再次证实了出租汽车合理规制的必要性。其余的城市在坚持一段时期后也部分重新实施了出租汽车规制。

(二)加拿大蒙特利尔市的范例

加拿大魁北克省蒙特利尔市就是一个非常典型的例子。第二次世界大战结束后,随着战后经济复苏,蒙特利尔市出租汽车出行需求增长迅速,当时,考虑到为退伍军人提供就业机会,以及公众抱怨出租汽车数量太少,在第二次世界大战期间推行的牌照限制政策就此取缔。该项政策导致了出租汽车数量的快速增长:1946—1952年间,蒙特利尔岛的出租汽车数量达4978辆,导致供应过剩,驾驶员收入下降。

自1952年起,系统性研究均认为蒙特利尔出租汽车的数量过多导致了该行业的经济问题。魁北克省政府部门于1982年提出了《出租汽车运输法案》,蒙特利尔区内所有

公共及私人部门均一致要求减少出租汽车牌照数量。最终在各方压力下,政府启动了一项出租汽车牌照回购计划。回购计划的主要目的在于减少蒙特利尔出租汽车牌照的数量,在不削弱服务质量的情况下提高出租汽车行业的效率和盈利能力,各方均同意,由决定继续留在该行业和新进入该行业的牌照持有者分摊回购成本。这一计划使蒙特利尔市内的出租汽车数量减少了25%。回购计划持续了5年半,购买这些牌照的总体成本约为2100万美元,完全由出租汽车牌照持有人支付。此后,这些出租汽车牌照持有人执照的收益性得到了增长,执照的市场价值也增长了。同时开放该行业中的新市场,发展新式出租汽车服务,提高进入该行业的最低标准。

魁北克国民大会于1983年通过了《出租汽车运输法案》,该法案规定的新式出租汽车服务的范围主要有:①出租汽车公共交通系统,即"出租巴士(TAXIBUS)";②为残障人士提供交通工具出行服务;③校车服务,即用出租汽车接送学生;④豪华轿车服务,出租汽车执照可专门用于豪华轿车服务,一些公司专注于为商业人士提供航空服务和城际服务;⑤观光,授权出租汽车执照持有者通过出租汽车为游客提供观光服务,但是路线和价格由该委员会制定;⑥出租汽车固定费率乘车服务;⑦医疗运输工具;⑧老年人交通工具定制服务;⑨群体交通工具;⑩个性化载送;⑪包裹递送;⑫为醉酒驾驶员提供的交车服务;⑬应急服务。

除美国、瑞典、爱尔兰和加拿大外,俄罗斯、日本、韩国等国家都曾经有过放宽出租汽车监管的尝试,而后也都相继恢复了规制。从出租汽车规制的发展趋势上看,严格的质量标准是必须的,应当强化对经营者和驾驶员的质量要求;不论是否解除市场准入规制,都必须加强质量标准规制;费用规制一直在继续,并且在费用信息公开方面有了更加严格的要求。

第二章

国外网络预约出租汽车的发展与规制

我国将网络预约出租汽车简称"网约车",它最初是以"专车"的形式出现的。在我国网约车政策出台之前一段时间,媒体、业界及一些学者将网约车称为"专车"。当然,确切地讲,符合法定条件的"专车",才能称为"网约车"。网约车自诞生之日起,在各国都成为一个监管难题。以网约车平台公司的鼻祖——Uber(优步)为例,其运营模式几乎遭到所有传统出租汽车公司的指责。Uber 在美国许多州与监管机构发生冲突,同时在德国、法国、英国、西班牙、印度和日本等国也遇到监管上的麻烦。

几乎在每一个国家和地区,当 Uber 或其他网约车平台公司试图进入市场时,都会面临私家车和运营车、网约车驾驶员和巡游车驾驶员、企业和政府之间的博弈。各国出台的网约车政策,既有法律层面的考虑,也和当地的交通状况、经济水平和文化背景息息相关。

第一节 总体情况概述

一、世界各地网络预约出租汽车的发展

网约车最早发端于手机打车软件。现在世界范围内最为流行的手机打车软件为源自加利福尼亚州(简称"加州")的 Uber(优步),即美国"优步交通网络有限公司"推出的"UberCab"叫车服务。Uber 成立于 2009 年,2010 年 6 月在旧金山推出了打车服务。该软件发展初期主要提供豪华车服务 UberBlack 轿车,后逐步加入较为大众的车辆,服务价格在美国甚至低于传统出租汽车。

2014 年 2 月,Uber 在欧洲推出了"UberPop"叫车服务,使得私家车可以载客收费,这在欧洲市场引起了出租汽车行业的强烈抗议。2014 年 6 月,伦敦的黑色出租汽车驾驶员因伦敦交通局拒绝禁止 Uber 以距离和时间计算费率而提出抗议,认为此举侵犯了他们在伦敦地区出租汽车计费表的专有使用权。同年 6 月,德国柏林计程车业者抗议 Uber 私家车叫车服务在德国境内使用。2014 年 7 月,西班牙出租汽车驾驶员抗议 Uber 用车没有载客执照、商业用车执照和商业载客用车保险。还有部分欧洲国家出台政策,限制 Uber 的使用,主要是限定私家车进入载客车辆服务市场。

世界各地网约车的表现形式各样。除了 Uber 外,美国还有 Lyft、Sidecar、Gett,印度有 Ola,东南亚有 Grabtaxi,中国有易道等。与其他新兴行业不同,Uber 等打车服务平台自诞生之日起,就面临着诸多矛盾。首先,要面对传统的出租汽车市场力量;其次,与传统出租汽车和监管部门有关合法性和监管方式的博弈;第三,驾驶员的身份问题,即驾驶

员究竟与 Uber 等打车服务平台之间有无雇佣关系。

国外对于网约车的监管也在探索中,但仍有值得研究借鉴之处。在网约车兴起的美国,其成为行业管理的矛盾点。网约车平台公司的出现与手机打车软件大规模的推广应用,使得依法取得许可并接受监管的约租车承运人不得不和未经许可的承运人一起竞争。由于种种问题的暴露,以及客观市场需求的存在,各国对网约车开展了不同程度的规制。

此外,国外私人小客车合乘也随着互联网技术发展起来。2007 年以后,出现了利用移动互联网技术开发的汽车共享平台,如 2007 年诞生于爱尔兰的 Avego 现已改名为 Carma,专注于合乘撮合,率先开发移动互联网汽车合乘系统。还有政府部门资助的公益性合乘,如华盛顿州,2011 年 1 月,Avego 与当地交通部门联合发起了利用移动互联技术的实时汽车共享项目——"Go520(520 行动)",除 Avego 获得政府资助的 40 万美元外,参加试验项目的车主(每月 20 次以上)还可使用 HOV(合乘)车道,获得 30 美元的加油卡及其他旅行费用返还;参加项目的乘客同样可获得 Avego 提供的红包——每月 30 美元使用券;所有支付都通过电子方式完成。

国外私人小客车合乘主要有以下类型:

(1)合乘俱乐部。美国政府于第二次世界大战期间组织的首个合乘计划,此计划通过促进合乘以节约战争需求的资源。

(2)合乘小巴。合乘小巴是采用比小汽车大一些的小巴车辆进行的合乘。合乘小巴通常被用于去往相同就业中心的通勤出行,大部分需要提前预订。参与者分摊运营成本,通常情况下,合乘小巴由雇主或公共机构进行部分补助,从而进一步降低了通勤费用。

(3)HOV(合乘)车道。HOV 车道是为公交车或小汽车特殊预留的专用车道,2 名以上的乘坐者的车辆(有些要求 3 名以上)才能使用。HOV 车道用于鼓励和促进公共交通和合乘出行,包括合乘小巴和即时拼车。

(4)即时拼车(也称搭便车)。即时拼车指一个乘客在偶然或临时起意下的合乘。其主要合乘组成是每辆车 2~3 名乘客,即 1 位驾驶员加上 2 位以上的乘客。早晚通勤高峰时段,在停车换乘点或公交枢纽进行合乘撮合,合乘车辆可利用 HOV 车道去往同一个就业中心。

(5)停车换乘设施(也称停车位拼车)。停车换乘设施是指为私家车专设的停车区域,用于换乘公共交通或转为合乘完成剩余去往工作地点的出行。停车换乘设施在北美有两种形式:一种是位于市郊通勤火车站的停车场,以鼓励公共交通的使用;另外一种是设置在市郊高速公路入口处停车场,以鼓励合乘和供公交车换乘。

(6) TMAs出行协调协会。出行协调协会通常由大型企业、房地产开发商、或当地的政府机构自发组织,以缓解交通拥堵和改善空气质量为目的。这类协会通常是非营利性,是实施出行需求管理的举措之一,出行管理协会负责管理各种合乘运营。

(7) 就业单位出行缩减计划。有些地区通过出行缩减法令要求雇主减少雇员单独开车上班的数量,合乘通常是实施该法令的具体实施举措之一。就业单位出行缩减计划也被用于缓解交通拥堵和改善空气质量的计划中。

(8) 电话合乘匹配。这种方法允许使用者申请出行、提供搭乘,并可以通过电话接收实时的匹配信息。既可以是人工操作,也可以是自动的用户沟通界面。系统还可以通过互联网、电子邮件、移动电话、个人数字助理以及地理信息系统来增强电话合乘匹配的功能。

(9) 网络匹配程序和网络匹配平台。这种方法需要通过计算机,采用地理信息系统(Geographic Information System,GIS)技术为那些起点或终点相似的潜在用户进行匹配。一些软件公司已经开发了匹配平台,并商品化为供公共机构或雇主按月付费购买的服务。

(10) 出行信息服务。通过电话热线来提供出行信息,所提供的出行信息内容各地区有所差异。通常包含交通和天气状况,道路修建和拥堵情况,公共交通时刻表以及合乘信息等。

(11) 实时合乘。这项服务通过在互联网和智能手机上使用GIS技术和全球定位系统(Global Positioning System,GPS)来组织,实现即时出行。驾驶员发布驾驶行程,潜在客户在期望出发前申请合乘。合乘匹配软件会自动将出行起讫点相似的乘客与驾驶员进行匹配,并通知到各自的智能手机上。

二、世界各地网约车监管模式

从全球主要国家、地区或城市的监管实践来看,网约车监管模式总体可分为四类:一是沿用传统管理体系规范网约车发展,将网约车纳入现有约租车管理体系,以伦敦为代表。主要原因在于,其巡游车数量和运营长期稳定不变,已有的约租车的相应管理办法也已经运行多年,管理规范成熟。通过对网约车限定服务类型,满足现有约租车管理规定的车辆和人员,即可以约租车从事网约车运营。二是创设新型监管模式,为网约车量身打造监管体系,强化网约车规范管理,以新加坡和美国加州、科罗拉多州、华盛顿哥伦比亚特区等部分地区为代表。主要原因在于,其出租汽车市场(巡游车和约租车)相对完善,对网约车需求不大。三是完全禁止网约车入市,以日本东京和德国、法国等国家的城市为代表。主要原因在于,其巡游车数量多,市场已经处于饱和状态,再增加额外运力将造成巡游车营收下降,引发客运市场不稳定。

三、世界各地网约车监管的主要方面

网约车在美国已经由法律确定为交通运输网络公司(Transportation Network Company, TNC)。如何树立管理目标、建立政策法规、运用新的技术手段来监督管理这些新兴行业,维护公平合理的市场秩序,并抓住机遇调整和改革传统出租汽车市场,无疑是保证传统出租汽车与网约车行业健康有序发展的关键。

网约车出现以后,全球各国都感受到了其对传统出租汽车市场秩序的挑战,国际交通运输论坛(International Transport Forum, ITF)在2015年10月举办了一场关于网约车和出租汽车监管的研讨会,邀请全球出租汽车市场改革与管理利益相关者参加,包括网约车平台公司、出租汽车企业、立法委员和学术界的代表,研讨会最后还将各方意见成果总结整理成一份名为《基于应用程序的出行和出租汽车服务:监管原则》(*App Based Ride and Taxi Services: Principles for Regulation*)的报告。各方代表一致认为对网约车行业的监管内容至少应该包括以下四个方面:公共安全规范、市场准入规则、运营服务规范和收费规则。

第一,公共安全规范。公共安全规范是确保乘客与出租汽车、网约车之间、驾驶员和车辆之间彼此信任的前提保障,也是确保驾驶员不被乘客的犯罪行为所伤害的必要措施。因此,驾驶员犯罪背景审查和车辆安全检查是非常重要的两个方面。

第二,市场准入规则。市场准入限制通常是由于过量人员进入网约车市场导致的。如何设计网约车市场准入规则,有四种广泛应用于控制巡游出租汽车进入市场的监管制度可供参考,包括:①控制车牌发放,即有经营牌照的驾驶员才能提供服务;②建立公司认证系统,即符合一定条件的、经过相关机构认证的公司才能提供服务;③特许经营,即规定在一段时间一定地理范围内允许经营;④准入条件,即驾驶员或运营商需要满足一定要求才能提供服务。还有其他的监管制度,比如伦敦采用严格的关于街道和路线的知识测验方式来限制驾驶员进入出租汽车市场,以实现间接控制出租汽车数量的目的。

第三,运营服务规范。传统出租汽车行业中,驾驶员会集中在有更多机会招揽到报酬更高的乘客的地方。这通常导致出租汽车集中在出行密集地带,例如中央商务区(Central Business District, CBD)、机场、火车站、宾馆和公共交通枢纽附近。相反,在某些偏远区域会出现出租汽车供不应求的现象。为了避免出租汽车运力的不均衡,有些地方

尝试做出租汽车区域化经营的改革,牌照规定了其服务的区域与服务属性,例如地理范围以及服务模式(巡游还是电召)等。这同样可以运用于网约车的管理中,以避免在一定的区域与服务属性下,与传统出租汽车产生过度竞争。

第四,收费规则。出租汽车和网约车的收费最明显区别在于,网约车使用了动态调价与调度费模式等收益管理工具来平衡供需,诸如 Uber 的 Surge 工具、Lyft 的 Prime Time 竞价模型工具等。这样,兼职驾驶员就可以被高峰时期的高竞价吸引来提供服务。但是在一些情况下,行业监管机构需要通过职权限制网约车的这种动态调价机制。

从世界各国监管实践中不难发现,对网约车的监管在世界各国都是一个不断发现问题、解决问题的过程。有效的学习、利用新兴技术和大数据分析是政策实施的技术保障,机制的创新、跨部门的协调也是新形势下对新兴行业监管的关键要素。

第二节 国外典型国家网络预约出租汽车发展

一、美国

美国各州对网约车监管措施各不相同。加利福尼亚州公共事业委员会(简称"加州委员会")作出决定,将 Uber 等网约车平台统称为"交通运输网络公司",制定了相应的监管规范,加州的网约车监管制度也被称为"加州模式"。

美国其他一些地区,如首都华盛顿哥伦比亚特区(简称"哥伦比亚特区")和科罗拉多州的管理模式与加州类似。

美国绝大多数州和城市颁布了网约车监管政策。对 Uber 类的网约车,主要针对安全性以及保险问题、保障残障人士乘车、驾驶员的法律地位等问题从立法上进行了规范。

(一)加利福尼亚州

Uber 诞生地的加州,是美国最早开展对网约车监管的地区。2013 年 9 月,加州委员会颁布《关于对旅客承运人、合乘以及新的网络接入运输服务制定法律规范进行监管的命令》(第 12-12-011 号制定法规,第 13-09-045 号决定,简称"第 13-09-045 号决定"),首次将 Uber 定义为交通运输网络公司,并明确从 2015 年 1 月开始,所有 Uber 驾驶员必须接受犯罪背景调查以及相应的酒精测试。2014 年 4 月和 11 月,又先后对第 13-09-045 号决定进行了两次修改,将 Uber 驾驶员接受保险保护的范围扩展到了接受订单开始到交易完成结束,同时对平台应该为驾驶员购买的保险数额做了明确的规定。

1. 第 13-09-045 号决定

2013 年 9 月 19 日,加州委员会发布了第 13-09-045 号决定,目的在于通过对新型在线接入运输服务"交通运输网络公司"进行监管的相关法律规范,确保新型交通运输商业模式运作时不损害公共安全。

在该决定中,加州委员会将 TNC 定义为:在加州境内,通过互联网应用(App)或平台连接乘客和私家车车主,提供有偿预约运输服务的法人公司、合伙企业、独资经营者或其他形式的组织。TNC 属于约租车承运人(TCP)项下的一个子类。该决定主要包括以下内容:

(1) TNC 监管的总体要求。

一是监管依据。TNC 必须遵守第 13-09-045 号决定中规定的安全监管规范。

二是报告内容真实性的签字确认。TNC 提交的所有报告都必须经公司相关负责人签字确认,保证报告的内容准确且无重大遗漏,否则将根据加州法律承担伪证罪责任。

三是经营许可。TNC(而非驾驶员)必须取得委员会颁发的经营执照。约租车承运人的许可执照共有 6 类,TNC 应该申请 P 类许可。

四是刑事犯罪背景审查。TNC 在驾驶员申请之前对其刑事犯罪背景进行审查。审查范围必须是国内犯罪背景审查,包括国内性侵数据库。在审查之日前七年内因酒驾或毒驾、欺诈、使用机动车实施重大犯罪、犯有暴力犯罪或实施恐怖行为、性侵犯、导致财产毁损的犯罪以及盗窃罪等重罪而受到处罚的,将不能成为 TNC 驾驶员。

五是定期车辆安全检查。在成为 TNC 车辆之前,以及此后的每年,按照委员会要求,TNC 或者由加州汽车修理局授权的第三方机构应当对该车辆进行 19 项安全检查,TNC 应当保留好相关记录以备审查。

六是建立商业保险制度。TNC 应当建立相应商业保险制度,以确保在提供 TNC 服务过程中,能够给驾驶员以及车辆提供不少于每次事故 100 万美元的保险;不论驾驶员是否已经具有足够覆盖任何赔偿请求的保险,TNC 都应提供上述保险以满足赔偿请求,并且在 TNC 的应用程序和官方网站上披露这些保险要求。在第 13-09-045 号决定颁布后的 30 日内,委员会要求 Uber 提交其已制定商业责任保险相关制度的证明,为那些给 Uber 提供服务的汽车以及驾驶员,在每次事故中提供不少于 100 万美元的保险。不管驾驶员是否已经购买相关保险,Uber 所提供的保险的责任范围都应该能覆盖赔偿请求。Uber 符合 TNC 的定义,因此,必须申请 TNC 经营执照。TNC 的服务条款或者其他地方出现的条款内容都不能与第 13-09-045 号决定中对 TNC 提供商业责任险的要求相矛盾。TNC 的服务条款中的任何条款内容也都不能用来否定 TNC 的保险范围或者规避第 13-

09-045 号决定中确立的保险要求。

七是定期提交驾驶记录。在车辆管理部门的雇主自动通知程序能够对 TNC 适用以前，TNC 应当在允许驾驶员接入其平台之前及此后的每一季度，通过人工方式，将该驾驶员的驾驶记录送交车辆管理部门进行审查，以确保该驾驶员符合要求。根据审查标准要求，用户在此前 3 年内，扣分不超过 3 分，没有违反交通运输法规的行为（如驾驶时疏忽大意、肇事逃逸，或者在执照被暂扣时仍然驾驶等），并且在此前 7 年内没有因酒驾、毒驾而受到处罚。

八是禁止巡游揽客。禁止为 TNC 服务的驾驶员在道路上巡游揽客。

九是对传统约租车承运人的监管权的重新审查。明确规定将重新审查委员会对传统约租车承运人的监管权，以确定这些规范是否适应当今交通运输市场的发展，以及公共安全的相关规范是否得到及时更新。

十是评估新型交通运输模式产生的影响。在颁布第 13-09-045 号决定一年后，委员会将召开一次研讨会，听取各利益相关者对于 TNC 以及相应的规范所产生的影响的讨论。研讨会议题包括但不限于对安全、竞争、创新、使用权、拥堵、加州环境质量法案以及其他相关污染问题。

十一是防止对正常人和残障人士区别对待计划书。颁布第 13-09-045 号决定 90 日内，TNC 必须向安全执行部门递交一份计划书，详细解释如何确保 TNC 服务不会对正常人和残障人士造成区别对待的计划。

十二是 TNC 经营申请期限。第 13-09-045 号决定生效后 45 日内，委员会将在其官网上发布 TNC 申请数据包。此决定发布前，在加州境内运营的 TNC 如果继续经营，则必须在 60 日内向安全执行部门递交 TNC 经营申请书。

（2）TNC 安全标准规范。

一是建立商业保险制度。TNC 应建立相应商业保险制度，以确保在提供 TNC 服务过程中，能够给驾驶员以及车辆提供不少于每次事故 100 万美元的保险；不论驾驶员是否已经具有足够覆盖任何赔偿请求的保险，TNC 都应当提供上述保险。在发生交通事故时，要求 TNC 驾驶员提供他们的个人保险和商业保险的证明。

二是建立零容忍政策。TNC 应当建立对驾驶员零容忍政策，TNC 的网站、手机应用程序以及乘客的收据上都应包含 TNC 零容忍政策的提示以及当乘客在乘车过程中合理怀疑驾驶员酒驾或毒驾时，进行举报的方法说明。网站和手机应用程序上必须包含能进行零容忍政策投诉的电话号码或者 App 呼叫功能以及可以联系的电子邮件地址。乘客提起零容忍政策投诉后，TNC 应立即将被投诉驾驶员停职，并开展进一步调查。网站和手机应用程序中应当还包括委员会乘客分局的联系方式(包括电话号码和邮箱地址)。

三是审核驾驶员驾驶记录。TNC 应当取得驾驶员在提供驾驶服务前一季度的驾驶记录。如果驾驶员曾因疏忽驾驶、酒驾、肇事逃逸,或在机动车驾驶证被暂扣或吊销的情况下驾驶,将不能成为 TNC 驾驶员。驾驶员在其驾驶记录上最多只允许有设备故障、超速驾驶或者违反了儿童安全座椅规定之中的两个轻微违法行为。否则,将不能成为 TNC 驾驶员。

四是建立驾驶员培训计划。TNC 应当建立一套驾驶员培训计划,以确保在驾驶员开始提供服务之前能够安全驾驶汽车,并在第 13-09-045 号决定被通过之后 45 日之内向委员会递交该培训计划。TNC 还应该向委员会报告每年通过该培训计划的合格驾驶员人数。

五是驾驶员条件。TNC 驾驶员必须取得有效的加州驾驶证,年满 21 周岁,并且在提供 TNC 服务之前有一年以上的驾龄。TNC 驾驶员一次载客不得超过 7 人。

六是车辆车型要求。TNC 仅限于使用小型轿车、厢式轿车或者轻型汽车,包括大篷车、小型货车、运动型多用途车和多用途货车来提供客运服务。舱盖式后背车身小客车和敞篷车也是允许的。禁止 TNC 使用改装的车辆。

七是车辆年检及检查事项。在允许 TNC 驾驶员驾驶车辆运营之前,以及此后每年,TNC 或者加州汽车修理局许可的汽修厂都必须对车辆进行年检。TNC 驾驶员的车辆必须至少通过下列 19 项检查才能开始在 TNC 平台上运营:制动踏板;紧急制动装置;转向装置;风窗玻璃;后风窗玻璃和其他玻璃;风窗玻璃刮水器;前照灯;后位灯;转向灯;制动灯;前座调节器;车门(打开、关闭、锁住);喇叭;里程计;保险杠;消音器和排气系统;轮胎状况,包括胎纹深度;内后视镜和外后视镜;驾驶员和乘客的安全带。

八是手机应用程序提供的信息要求。TNC 用来联系驾驶员和乘客的手机应用程序必须向乘客提供如下信息:驾驶员的照片;所乘车辆的照片,包括车牌号。

(3) TNC 监管规范。

一是报告验证。所有 TNC 提供的报告都需要经过验证。这些验证需要包括 TNC 公司负责人的签名,保证报告内容准确且无重大遗漏,否则,将依据加州法律规定面临伪证罪处罚。

二是运营许可。TNC 运营前必须取得加州委员会的许可。

三是运营信息公示。TNC 在其手机应用程序和网站应该清楚表明,TNC 旨在促进乘客和私家车主之间的客运服务交易。另外,还应当表明,当发生交通事故时,TNC 为车辆及驾驶员提供至少每次事故价值 100 万美元的保险。

四是运营方式和区域。TNC驾驶员只能基于预约提供客运服务。如果在搭乘之前是通过TNC数字平台提交出行需求和接单,那么该次搭乘服务就被认为是预约的。严格禁止TNC驾驶员在街上巡游招揽生意。除非经机场当局授权,TNC不应当在机场内部及其附属道路上运营。

五是雇主通知项目。TNC应当参加加州机动车部门雇主通知项目,以便在TNC驾驶员的驾驶记录上增加下列事项时能获得即时通知:犯罪;交通事故;接单后爽约;暂扣或吊销驾照;任何其他违反驾驶特权的行为。

六是保险证明。TNC驾驶员开始从业之前直到整个从业期间,都应向TNC提供保险证明。

七是残障人士车辆。乘客可能需要预约可供轮椅上下的车辆或者其他能够供残障人士使用的车辆,TNC应当允许乘客提出这种请求。第13-09-045号决定生效后一年以及此后每年,TNC都应向安全执行部门递交一份报告,详细说明提供可供残障人士使用的便利车的数量和所占比例,并且说明多长时间能够满足这种需求。

八是商业标识。TNC车辆在提供TNC服务时应持续展示其商业标识,比如,在车身上有独特的名称或显示,该商业标识必须字体足够大且色彩醒目,使得白天在至少17m外都能清晰可见。商业标识应当足以令乘客、公务人员或者任何公众能够将该车辆与特定TNC或取得经营许可证的运输公司联系起来,允许但不限于以下商业标识形式:车门或者车顶或者车头上的标志性符号或名称,允许磁铁型或其他可以移除型的商业标识形式。TNC应该向安全执行部门提交其商业标识的照片。

九是公平评价乘客。TNC可以提供网络平台,供乘客以及驾驶员相互评价,但应当确保这些评价不是基于非法歧视而作出,驾驶员不能因为乘客或潜在乘客要去的目的地的地理位置、种族、肤色、国籍、宗教信仰、性别、身体残疾、年龄或者性取向而歧视乘客。

十是运营服务接单情况验证报告。从第13-09-045号决定生效后一年起及今后每年,TNC应当向安全执行部门提交验证报告,详细记录在TNC运营的邮政街区乘客通过TNC约车而最后成功接单的数量以及乘客提出约车请求最终并未接单的数量。TNC提交的验证报告必须包含上述搭乘信息,并且以Excel或其他电子软件的形式统计这些信息,用专门列表记录乘客每次约车请求的日期、时间以及所在邮政街区,另外列表登记最终接单或拒绝接单的日期、时间和邮政街区。而且,对于成功接单的每一次搭乘服务,统计表里还要求包含起点所在的邮政街区、终点所在的邮政街区、总里程数以及所支付的费用。最后,每一份报告要包括成功接单以及没有接单服务的合计总数。

十一是驾驶员违法行为及投诉处理情况验证报告。从第 13-09-045 号决定生效后一年起及今后每年,TNC 应当向安全执行部门提交以 Excel 或其他形式电子表格填写的验证报告,详细记录实施过违法行为或者被吊销驾照的驾驶员数量,包括每一项零容忍政策投诉清单以及对于这些投诉的调查结果。TNC 还应以 Excel 等电子表格形式提供一份验证报告,内容包括向 TNC 报告过的在岗驾驶员涉及的每一起交通事故或者其他事件、该事件的原因以及给予事件中任一当事方的赔偿金额。该验证报告应当包含事件发生的日期、时间、由驾驶员投的保险、TNC 投的保险或者其他来源赔偿的金额等信息。最后,该报告还应当提供一年内发生事件的总数。

十二是运营服务里程和时间情况验证报告。从第 13-09-045 号决定生效后一年起及今后每年,TNC 应当向安全执行部门提交验证报告,详细记录驾驶员通过 TNC 提供运送服务的平均时间和路程。

十三是委员会及相关机构的审查职权。根据委员会或者机场官员、执法部门或者市政工作人员的要求,驾驶员应当提供某次搭乘服务的纸质或电子记录,来证明该次运送服务是提前预约的。为了能够提供符合上述要求的记录,TNC 驾驶员应当妥善保管记载搭乘的信息电子设备。如果乘客向委员会提出对某家 TNC 或者某个驾驶员的投诉,委员会有权审查对于调查和解决该投诉必要的 TNC 记录,审查范围与其他传统约租车承运人的范围一致。

十四是监管费用。与委员会对豪华汽车约租车的监管类似,委员会每季度将向在加州运营的 TNC 收取其收入的三分之一作为监管费用。

十五是执行情况评价。在第 13-09-045 号决定发布一年后,委员会应当召开研讨会,听取各方利益相关主体对于这种新型商业模式及其配套规范所产生影响的评价。研讨会主题包括但不限于安全、竞争、创新、市场准入、拥堵、加州环境质量法案,及其他与污染相关的事项。委员会尤其要了解 TNC 商业保险政策的最新进展以及这些政策的执行情况。基于研讨会的成果,委员会决定是否修订现有规范。

十六是处罚。委员会对没有执行上述要求的 TNC 将取消其许可或进行处罚。委员会有权对包括 TNC 在内的所有约租车承运人进行检查。《公用事业法典》第 5371.5 条规定:"在收到合理投诉(包含足够信息担保调查的开始)后,委员会应对任何约租车业务或者有偿汽车客运服务进行调查。"因此,每一家 TNC 都应保存好由其驾驶员制作的运载记录。如果承运人违反了法案、运营许可或执照中的任何规定,或者任何命令、决定、规则、规范、指示、要求或委员会确立的标准,委员会同样有权取消、撤销或者暂停运营许可或执照。委员会同样有权作出罚款决定。

2. 第 14-04-022 号决定（第 13-09-045 号决定第一次修正）

2014 年 4 月 10 日，加州公用事业委员会发布了《关于对〈旅客承运人、合乘以及新的网络接入运输服务制定法律规范进行监管的命令〉修正的决定》（第 12-12-011 号制定法规，第 14-04-022 号决定，第 13-09-045 号决定第一次修正案），对第 13-09-045 号决定进行第一次修正。

修正的起因是 Uber 和相关当事方提交了重审第 13-09-045 号决定的申请。重审申请中提及了四个方面的理由：一是第 13-09-045 号决定违反了《加州环境质量法案》（CEQA）；二是 TNCs 类似于出租汽车，不受委员会监管，而委员会并没有对将其纳入监管进行适当的论证；三是第 13-09-045 号决定违反美国平等保护条款和加州宪法；四是第 13-09-045 号决定规定 TNCs 不用满足成为 TCP 的部分特定要求，与《公用事业法典》相冲突。Uber 在其重审申请中宣称 Uber 并不提供交通运输服务，因此，委员会不能对其行使监管权。

委员会对重审申请中的所有观点进行了仔细审查，最终结论是同意对第 13-09-045 号决定中部分事项进行有限重审。但委员会对于 TNC 拥有监管权，以及制定适当的监管规范的基本结论保持不变。

(1) 重审事项和修改内容。

委员会同意对《公用事业法典》第 5351、5374、5385.6 条的适用性进行重审，涉及保险、强制性药物检测、牌照许可等内容。同时将第 13-09-045 号决定中研讨会的主题修改为：包括但不局限于安全、竞争、创新、准入、拥堵、《加州环境质量法》（在事件当时提出的任何新行动）和其他污染相关问题。在术语 TNC 之前增加定语"在预约基础上运营的非出租汽车"。并明确，依照第 5353 条，委员会的 TCP 监管权并不适用于"由市政许可和监管的出租汽车运输服务，这些车辆除驾驶员外准乘不超过 8 人"。虽然预约服务并不是区分 TCP 和出租汽车的唯一要素，但它应当是被正确考虑的要素。

(2) 明确非法营运的识别标准。

在许多案件中，委员会也基于巡游揽客以外的要素来识别非法出租汽车的运营。TCP 应该避免使自身具有出租汽车的共同特征，除了不能自发提供服务外，也不能沿街巡游，通过外观油漆、车灯、使用计价器等方式使自己的车辆看起来像出租汽车，也不能宣传自己就是在提供正规的出租汽车客运服务。TNC 不具备上述这些出租汽车的特征。此外，洛杉矶要求出租汽车必须安装计程计价设备，这明显不适用于运输应用软件（《洛杉矶市政法典》，*City of Los Angeles Muni. Code* 章节 71.00）。其他地方当局同样明确规定了计程计价设备不包括智能手机应用。例如，旧金山规定，一个计程计价设备是"附属在一个用于出租的机动车上的设备"。这些规定表明计程计价设备是车辆的一部分。因此,在相关的定义中,TNC App 应用不等同于计程计价设备,而且,TNC 并不使用计程计价设备。除了预约服务之外,TNC 也不具备其他出租汽车的相关特征,不能被认作是出租汽车。

(3)明确预约判断标准。

在第 13-09-045 号决定中增加以下内容:议会和委员会都明确拒绝使用时间段作为预约的判定标准。《公用事业法典》第 5360.5 条中对"预约"作了界定和解释,即"预约"是指乘客和承运人通过合同方式或者电话方式安排运送服务。从字面来看,只要求合同或者电话的联系,并没有包含任何时间的限制。同样,《公用事业法典》第 5381.5 条规定,TCP 必须向委员会提供如何获得服务以及乘客名单的材料,确保 TCP 以预约为前提提供运输业务。《总命令》157-D 规定,每一位传统 TCP 驾驶员都必须保留一份客运单,详细记录预约内容,包括乘客的姓名以及此次服务是如何安排的。与现行立法规定保持一致,在对 TCP 地位的判断中,委员会反对引入任何时间要求来判断车辆预约服务。

(4)增加《加州环境质量法案》(CEQA)的适用。

在第 13-09-045 号决定中单独增加一条:《加州环境质量法案》(CEQA)的适用。有观点认为,既然委员会建议 TNC 监管应遵守 CEQA 相应规定,如果委员会的行为可能对环境造成影响,那么委员会应当经过特定的审查程序。

委员会认为,在第 13-09-045 号决定中,通过了一些适用于现在和将来的 TNC 经营者的安全规范。这些规范包括保险规范、安全驾驶规范以及其他关于费用支付、歧视待遇和身份识别的条款。委员会要求大部分都提交纸质文件,这些要求不会对环境造成任何实质性物理影响。另外,事实上,第 13-09-045 号决定既没有造成直接物理影响,也没有造成"合理的可预见的间接改变"。很显然,当委员会颁布第 13-09-045 号决定时,TNC 经营者在实践中已经存在。委员会只是对已经在运营中的和未来将加入的 TNC 实行一定程度的监管和提出安全要求。没有任何迹象表明这些新的要求会增加或者减少 TNC 经营者。一方面,因为这些监管规范提供了一些监管框架,明确了合法运营的要求,这将促进 TNC 的发展;另一方面,由于增加了新的要求,也可能阻碍和限制 TNC 的经营。委员会并没有对现状造成直接或间接的物理改变,那么今后也不会出现可预见的间接改变,因此,不会对环境造成影响。

(5)进一步补充完善的内容。

一是根据《公用事业法典》第 5381 条和 701 条,创建现有的 TCP 分类下的 TNC 子类是合理的。打算从事旅客运输的公司和个人,包括通过在线 App 提供运输服务,可以选择获得一个传统的 TCP 执照或者 TNC 许可。二是 TNC 在服务之前就使用电子客运单。TNC 并不具备出租汽车相关的特征,例如顶灯和计程计价设备。在线 TNC App 不是计程计价设备。三是现有的决定和 TNC 规范并没有任何对环境的直接影响,也不造成任何可预知的间接影响,所以第 13-09-045 号决定和规范并不构成一个 CEQA 项目。

(6)补充完善的法律结论。

一是因为现有的决定和 TNC 规范并不构成一个 CEQA 项目,所以委员会没有义务依据 CEQA 对其进行复审。二是通过合同安排或者电话达成并确认的乘客名单,满足《公用事业法典》第 5360.5 条中的预约要求。三是"预约"这个概念并不需要指定任何特殊的时间长度。四是 TNC 从事的是提供预约出行服务。五是 TNC 提供的是预约出行服务,不具备出租汽车特征,所以不是出租汽车。依据《公用事业法典》第 5351 条,TNC 是约租车承运人,并且依据第 5353(g)条(出租汽车豁免权),其不能豁免于委员会的监管。

3. 第 14-11-043 号决定(第 13-09-045 号决定第二次修正)

2014 年 11 月 20 日,加州委员会对第 13-09-045 号决定,即《关于对旅客承运人、合乘以及新的网络接入运输服务制定法律规范进行监管的命令》(第 12-12-011 号制定法规,第 14-11-043 号决定,第 13-09-045 号决定第二次修正案)作了第二次修改。

第 14-11-043 号决定是对第 13-09-045 号决定中交通运输网络公司(TNC)法律规范的两项内容的修正,一项是使《议会法案》(Assembly Bill)2293 部分中涉及保险责任范围的内容生效;另外一项是进一步定义了专用术语"TNC 服务",其定义与《议会法案》2293 立法目的相一致。在修正中主要讨论了两个方面的问题,一是关于"提供 TNC 服务"的定义,二是关于保险范围。

经过广泛征求意见和详细论证,委员会发布第 14-11-043 号决定,对第 13-09-045 号决定第二次修正的主要内容如下。

一是 TNC 服务被定义为三个时段:第一时段,打开应用程序(App)——等待匹配;第二时段,匹配被接受——但是乘客还没有被接到(比如驾驶员正在去接乘客的路上);第三时段,乘客进入车辆直到乘客安全下车。

二是在第二和第三时段,TNC 必须提供总金额为 100 万美元的基本商业保险。TNC 可以通过以下方式满足这个需求:①如果 TNC 证实驾驶员的 TNC 保险包括了驾驶员使用车辆提供 TNC 服务的内容,则保险由驾驶员提供。②保险由 TNC 提供。③通过两者结合的方式提供。

三是在第三时段,从乘客进入车辆直到离开车辆这段时间,TNC 也应当对未投保或投保额过低的驾驶员提供 100 万美元的保险。TNC 可以通过以下方式满足这个要求：①如果 TNC 证实驾驶员的 TNC 保险包括了使用机动车提供 TNC 服务,那么保险由驾驶员提供。②保险由 TNC 提供。③通过两者结合的方式提供。如果保险是由参与服务的驾驶员提供的,而该驾驶员又提出了保险的要求,那么,上述 TNC 的保险范围也包括其他任何时段。

四是在第一时段,TNC 应当提供最基本的每人至少 5 万美元的人身伤亡保险、每次事故 10 万美元的人身伤亡保险及 3 万美元的财产损失险。TNC 可以通过以下方式满足这项要求：①保险由驾驶员提供。②如果驾驶员不能提供规定的 TNC 保险,或者驾驶员的 TNC 保险终止或是被撤销,则保险由 TNC 提供。③通过两者结合的方式提供。如果保险是由参与服务的驾驶员提供的,而该驾驶员又提出了保险的要求,那么,上述 TNC 的保险范围也包括其他任何时段。

五是在第一时段,TNC 还应当为 TNC 和驾驶员提供每次事故至少 20 万美元的额外的保险,用以承保由参与 TNC 服务的驾驶员在使用机动车与 TNC 应用程序或者网络平台连接过程中所引发的任何责任。TNC 可以通过以下方式满足该项要求：①如果 TNC 确认了驾驶员的 TNC 保险范围包含了其使用车辆从事 TNC 服务的范围,则保险由驾驶员提供。②保险由 TNC 提供。③通过两者结合的方式提供。这是《议会法案》2293 立法的本意,如果 TNC 驾驶员在第一时段注册一个以上的 TNC 应用程序,那么提供额外保险的保险人将基于合同条款按比例分摊保险责任。另外,如果存在多个额外保险的保险单,保单金额不叠加计算。

六是在议会法案 2293 生效前,所有的 TNC 需要为第一时段提供至少 10 万美元的商业保险。

七是修订后的保险要求适用于 Uber。

八是所有发生在这个程序中的单方面沟通都不需要报告。

九是第 14-11-043 号决定向社会公开,发布当天(即 2014 年 11 月 20 日)开始生效。

（二）科罗拉多州

2014 年 6 月 5 日,《科罗拉多州 2014 年立法服务法》经科罗拉多州第 69 届议会第二次例会通过,经州长签署,正式生效。这部法案修订、补充完善了科罗拉多州的相关法律,其中,专门增加 TNC,并将该部分内容简称为"TNC 法案",对 TNC 进行了规范,授权州公共事业委员会对 TNC 实施监管。而在此前,州公共事业委员会一直将 Uber 和 Lyft 等公司的业务作为非法营运查处。

该法案主要是关于对 TNC 进行监管及相关事项的法案,规定了 TNC 具有责任保险,对 TNC 驾驶员进行犯罪背景审查,对 TNC 车辆进行检验,获得州公用事业委员会许可,并进行拨款等内容。该法案对于及时保护公共和平、健康和安全非常必要。

1. 术语定义

TNC 法案,对相关概念作了界定。

"个人车辆"是指由 TNC 驾驶员在为 TNC 提供服务时使用的车辆,该车辆应当符合规定的车辆标准。

"预约搭乘行程"是指从驾驶员接到通过数字网络平台提出的预约搭乘请求开始,持续到该驾驶员用个人车辆运送乘客,最终直到乘客离开个人车辆的全过程。

"TNC"是指在科罗拉多州境内,以提供运输为目的,使用数字网络连接乘客和驾驶员的公司、合伙企业、独资企业或其他实体组织。TNC 不提供巡游车服务,不提供运输经纪人安排的预约运送服务,不提供预约合乘服务,或者其他任何固定线路、班次的运送服务。TNC 本身不拥有、控制、运营或者管理由 TNC 驾驶员使用的个人车辆。TNC 不包括根据修订后的《1986 年国内税收法》规定的免于征收联邦收入税的政府机构或其他实体组织。

"TNC 驾驶员"或称"驾驶员",是指驾驶个人车辆,为通过 TNC 的数字网络匹配的乘客提供运输服务的人员。该驾驶员并不是 TNC 的雇员。

"TNC 乘客"或称"乘客",是指在提供 TNC 运输服务的个人车辆内的个人,包括:使用 TNC 在线应用软件或者数字网络与驾驶员取得联系,并在该驾驶员的个人车辆里为自己或者自己一方的任何人获得服务的个人;或者通过其他人用 TNC 在线应用软件或者数字网络与驾驶员取得联系后,乘坐驾驶员的个人车辆获得运送服务的个人。

"TNC 服务"或称"服务",是指驾驶员给通过 TNC 匹配的乘客提供的运输服务行为,不包括直接或根据合同为修订后的《1986 国内税收法》第一百一十五条规定的免于征收联邦收入税的政府部门、政府机构或其他实体组织提供的运输服务。

"公共承运人",是指除了本法案提到的机动车承运人、合约承运人、TNC 以及 TNC 驾驶员以外的提供客运服务的人。

"合约承运人",是指除了本法案提到的公共承运人或客运车辆承运人之外,根据特定合同,在本州的任何公共道路上直接或间接提供客运交通工具的自然人;不包括 TNC 和 TNC 驾驶员,除非另有规定。

"机动车承运人",是指拥有、控制、操作或管理机动车辆,并依据本条规定,在州内提供商业交通运输服务的任何主体;但不包括 TNC 和 TNC 驾驶员。

2. 监管权限

对 TNC 实施有限监管。不论其他任何法律有不同规定,TNC 只受本法案约束。TNC 不受公用事业委员会对运价、准入、运营或者公共承运人所作规定的限制,除非本法案有明确规定。

TNC 的监管主体。TNC 应受公用事业委员会监管。TNC 不是本法案中规定的公共客运承运人,也不是合约承运人和机动车承运人,而是应按本法案规定的范围接受监管的主体。

3. 保险

(1) 注册登记。

TNC 应当遵守提交文书的规定,以及注册代理人的规定。TNC 应当向委员会提交文件,证明该公司或者驾驶员已经为驾驶员提供了基本的预约运输服务事故责任保险,保险范围包括为每位驾驶员提供预约搭乘服务过程中发生事故能获得每次事故至少 100 万美元的保险赔偿,且该保险必须为从事预约搭乘服务的驾驶员提供全天候的保险赔偿。上述规定在 TNC 法案生效 90 日后生效。

(2) 保险要求。

在驾驶员登录 TNC 的数字网络后,尚未实际从事预约搭乘服务之前的这一时段内,适用下列保险要求:

一是 TNC 或者驾驶员应当具有规定的最低限额的事故责任保险。该事故责任保险应当在保险公司依据驾驶员的个人机动车保险相关条款有效拒绝理赔或者驾驶员根本没有个人机动车保险的情况下提供,上述要求不排除保险公司的平等代位求偿权,于 2015 年 1 月 15 日到期,并于 2015 年 7 月 1 日废止。

二是在 2015 年 1 月 15 日之前及此后,驾驶员或代表驾驶员的 TNC 应当提供一份基本的汽车责任保险,包含以下内容:承认该驾驶员是一名 TNC 驾驶员,当其登录该 TNC 的数字网络平台时,为该驾驶员提供 TNC 服务提供保险;对每起事故中的每个人提供至少 5 万美元的保险,对每起事故中所有人提供至少 10 万美元的保险,并且对每起事故中因为使用机动车辆造成的财产损失(不包括利息和损耗)提供至少 3 万美元的保险,并且属于全天候的保险;或对《机动车经济责任法案》要求的驾驶员个人汽车保险合同的保险或者背书;或者由 TNC 购买的公司责任保险,为驾驶员登录数字网络后的时段提供基本保险。

三是保险部门必须进行调研,评估上述规定的责任险等级对于 TNC 服务所涉及的风险的保险是否恰当。在进行调研时,保险部门必须召开一次或多次相关利益者会议,以评估上述规定中列明的保险类别选择是否科学合理。在 2015 年 1 月 15 日之前,保险部门必须公布其调研结论及任何建议,并且将建议书发送给众议院的商业、劳动、经济和职工发展委员会、交通和能源委员会,参议院的商业、劳动和科技委员会,以及交通委员会。

四是如果 TNC 购买了上述要求的责任险,应该向公共事业委员会提供相应证明材料。如果按规定应由驾驶员承担购买保险的责任,那么,TNC 应当证明该驾驶员已经按照规定购买了相关责任险。

(3) 驾驶员购买的个人机动车车辆保险。

按照规定,驾驶员购买的个人机动车车辆保险应当满足强制责任险要求,其可向取得许可的保险公司投保,也可向本法案授权的次级保险公司投保,满足其一即可。不要求个人机动车保险合同为驾驶员接入 TNC 数字网络平台后的时段提供责任保险。

(4) 保险责任。

当驾驶员在驾车过程中发生交通事故时,如果存在多份有效保险合同,那么索赔请求在这些可适用的保险合同之间按比例进行赔付。只有在可适用保险合同的所有保险公司和保险合同所有人的书面协议下,才能改变这种平等的责任划分。

在对索赔请求进行调查时,TNC 应当与同样为驾驶员提供 TNC 服务使用的车辆承保责任险的保险公司合作,包括提供驾驶员接入 TNC 数字网络后发生事故时的相关日期、时间等信息。

上述规定不修改或废止原有的保险规定。如果 TNC 投保的保险公司基于综合险或者碰撞险而对理赔请求进行了赔付,TNC 应当让保险公司直接将赔付款支付给修车机构,或者支付给车主和该理赔车辆的第一留置权人。如若违反此规定,州公用事业委员会也不能进行处罚。

4. 运营服务规范

(1) 提供 TNC 服务应当满足的要求。

一是基本规则。TNC 驾驶员只能通过 TNC 数字网络接单,不得巡游揽客。TNC 事先告知乘客和驾驶员运价结构、计费方法、预估运价等。预约服务结束后,TNC 应向乘客发送电子收据,可以发送电子邮件,也可以寄送纸质文本。收据内容包括:运输服务的起讫点、总距离和总时间;运输服务的运价及其构成,包括起步价和之后根据里程或时间而产生的增加费用;驾驶员的姓氏及联系电话。TNC 驾驶员每天从事 TNC 服务的时间累计不得超过 12h。

二是禁止兴奋剂政策。TNC 应当实施严格措施,禁止驾驶员在提供服务时服用毒品、酒类等致人兴奋物质。TNC 应当在其网站、手机应用软件等处公示禁止兴奋剂政策。

三是信息披露。TNC 应当通过驾驶员服务条款对意图接入其平台的驾驶员披露下列事项:原有的车辆保险,根据保单上的条款内容,通常不覆盖个人车辆通过 TNC 数字网络平台从事经营行为时发生的事故。如果驾驶员打算用来提供 TNC 服务的车辆上有抵押权,驾驶员应当将打算使用该车辆从事运输服务的情况通知该抵押权人,因为这可能会违反驾驶员和抵押权人之间的合同约定。该要求披露的事项必须在给准驾驶员的书面服务条款中显著标注出来,并且准驾驶员必须通过电子签名或签字的方式对服务条款内容进行确认,表示其已知晓相应内容。该披露要求自 2014 年 7 月 1 日起生效。

四是投诉咨询。TNC 必须在其数字平台或者官网上注明乘客或消费者可以使用的投诉咨询电话。如果有人针对某家 TNC 或其驾驶员向州公用事业委员会提出投诉,那么委员会可以在为调查和处理该投诉的必要合理范围内审查 TNC 的记录。

五是用户个人信息保护。TNC 在以下三种情形下,可以披露用户信息:其一,经用户同意而披露其个人身份信息;其二,为了履行其法定义务而必须披露;其三,为了保障按照合同条款规定履行服务内容,调查对合同条款的违反而必须披露。除上述三种情形而外,TNC 不能向第三人泄漏用户在该 TNC 数字网络平台上登记的个人身份信息。对于用户一般数据的披露以及其他用户的非个人信息的披露,无须受上述信息披露情形的限制。

六是转型为 TNC 运营模式的要求。任何已经依据本法获得公用事业委员会授权的出租汽车公司或者固定线路班车公司可以转型为 TNC 运营模式,或者成立 TNC 子公司或分公司。在转型为 TNC 商业模式或成立 TNC 分公司或子公司时,原先依据本法获得公用事业委员会授权的出租汽车公司或者固定线路班车公司应当暂停其依据规定取得的公共交通运输业许可证书。在公共交通运输业许可证书暂停期内,出租汽车公司、固定线路班车公司或者其分公司或子公司,可免于适用本法关于出租汽车公司或固定线路班车公司的服务规范标准,关于对运价和计费进行监管的标准,以及公用事业委员会依据本法规定而针对公共客运承运人颁布的相关规则。

七是商业标识。TNC 应当要求每辆提供 TNC 服务的个人车辆服务时在外显示 TNC 的商业标识,表明该个人车辆是一辆可供租用的车辆。

八是非歧视规定。TNC 应当以一种非歧视的方式为公众提供服务,一旦驾驶员和乘客通过数字平台匹配后,不能因为出发地或目的地的地理位置、种族、民族、性别、性取向、性别认定或者是否残疾而妨碍乘客获得运输资源。除了以下情况外,驾驶员不得拒载;乘客正从事非法、混乱或者危险的行为;乘客无法照顾自身且没有一名可负责的同伴陪同;驾驶员已经决定给另一名乘客提供运送服务。TNC 不能因为乘客患有身体或精神方面的残疾而为所提供的服务加收额外费用。驾驶员应当允许经预约的乘客的导盲犬随行。如果患有身体或精神残疾的乘客要求使用其相关移动设备,且该驾驶员的车辆可以容纳该设备,那么该驾驶员应当在整个预约的搭乘期间妥善保管该设备。如果该驾驶员的车辆没有足够的空间容纳该设备,则该驾驶员应当将这名乘客介绍给其他有条件容纳乘客设备的个人车辆驾驶员和运输服务提供者。在接到有关某驾驶员从事了违反上述非歧视规定的行为投诉后 10 日内,委员会应当将该投诉报告给该驾驶员提供服务的 TNC。如果驾驶员根据上述规定对乘客拒载,应当立即向 TNC 报告,而 TNC 应按照公共事业委员会要求的格式和方式,每年向其报告所有此类拒载行为。

TNC 无须对其驾驶员违反上述非歧视规定而负责,除非该驾驶员之前已经向 TNC 书面报告其违反行为,且 TNC 并没有合理地指出其行为违反了非歧视规定。当公共事业委员会对运输服务提供者进行民事处罚时,应当给 TNC 提供与其他服务商同样的正当程序权利。根据上述规定,TNC 需要对其驾驶员违反非歧视规定而负责的,委员会可以对 TNC 作出 550 美元以下的民事处罚。

(2)TNC 驾驶员应当满足的要求。

一是资质条件。在 TNC 允许某人成为其数字平台的一名驾驶员之前,应该确认该自然人至少年满 21 周岁,并且满足以下四个条件:具有有效的驾驶执照;持有购买合格保险的证据;持有有效的科罗拉多州车辆登记证明;根据公用事业委员会的相关规定,在本法案生效后的 90 日内提供身体适合驾驶的医学证明。

二是刑事犯罪历史记录审查。自然人被允许成为使用 TNC 数字网络平台服务的驾驶员之前,应当根据规定以及公用事业委员会的补充细则中规定的程序,取得刑事犯罪历史记录审查,或者通过一项州内刑事犯罪历史记录审查,包括国内性侵犯数据库;如果通过的是州内刑事犯罪历史记录审查,那么需要向 TNC 提供该刑事犯罪历史记录审查的复印件。在作为 TNC 驾驶员服务的过程中,该驾驶员应根据上述要求,每五年进行一次刑事犯罪历史记录审查。

三是因犯罪禁止成为 TNC 驾驶员的情形。具有下列四种情形之一的,不得成为 TNC 驾驶员:①在申请成为 TNC 驾驶员之前的 7 年内,曾因驾驶时服用毒品或饮酒而被判决有罪,或者承认有罪或者不认罪但又放弃申辩;②刑事犯罪历史记录审查显示该人曾经因被指控实施欺诈犯罪、非法性行为犯罪、财产犯罪、暴力犯罪等 4 种严重罪行被判决有罪,或者遭受上述犯罪指控而承认有罪或者不认罪但又放弃申辩;③在其他州境内或者在美国联邦境内实施了上述列举的犯罪行为;④在未来的 5 年内被判决有罪或者指控犯了刑事重罪。TNC 或者经授权的第三方机构在对 TNC 驾驶员进行刑事犯罪历史记录审查后,应完整准确保留其审查报告至少 5 年。

四是驾驶记录报告审查。TNC 在允许某人成为其数字平台的驾驶员之前,应该取得该人的驾驶记录报告并进行审查。有下列违章行为的人将不能成为 TNC 驾驶员:在申请成为 TNC 驾驶员之前的 3 年内有超过 3 起违章行为;在申请成为 TNC 驾驶员之前的 3 年内有一项重大违章行为,不论是发生在本州、其他州抑或联邦境内,包括肇事逃逸、鲁莽驾驶以及在暂扣或吊销机动车驾驶证的情况下仍然无证驾驶的行为。TNC 或者经授权的第三方机构应完整准确地保留每名 TNC 驾驶员的行驶历史记录报告至少 3 年。

(3)TNC 车辆应当满足的要求。

用于 TNC 提供服务的个人车辆必须满足两个条件:不少于 4 个门;载客不超过 8 人(包括驾驶员)。

TNC 应当自行或通过有资质认证的第三方机构(机械师)对意图接入其平台提供运输服务的个人车辆进行安全检查。此种安全检查应当定期在该车辆为 TNC 服务之前以及之后进行,至少保证每年一次。安全检查应包括对以下 19 个部件的检查:制动踏板;紧急制动装置;转向装置;前风窗玻璃;后风窗玻璃和其他玻璃;刮水器;前照灯;后位灯;转向灯;制动灯;前排座位调节装置;车门的打开、关闭及锁住功能;喇叭;里程计;保险杠;消音器和排气系统;轮胎状况,包括胎纹深度;内外后视镜;安全带。上述规定生效后的 90 日内,委员会也可以对个人车辆进行安全检查。

TNC 或者经授权的第三方机构在对 TNC 驾驶员使用的个人车辆进行安全检查后,应真实准确保留其检查报告至少 14 个月。

5. 许可及处罚规则

(1)TNC 许可。

经营 TNC 首先需要获得科罗拉多州公用事业委员会的许可。委员会应当明确申请 TNC 许可的格式和规范。委员会应当对任何一个符合本法案规定并且每年向委员会缴纳 111250 美元许可费的 TNC 颁发许可。委员会可以根据其对 TNC 执行规定的监管情况、直接和间接产生的成本而调整年度许可费金额。委员会可以按照规定对 TNC 采取监管措施,包括发布命令来终止、暂停、撤销、变更或者修改 TNC 的许可。

TNC 违反规定或者不遵守委员会依据规定作出的命令、决定以及规则的,应接受委员会的管辖。如果 TNC 没有履行委员会作出的行政或执行决定所产生的民事罚款义务,根据规定,委员会可以拒绝其 TNC 申请或者拒绝续签其许可。

(2)违规行为的处罚规则及适用。

下列主体应适用法案及其他相应规定的民事处罚,以及根据法律可以施加的其他任何制裁:作为本法案中界定的机动车承运人经营或提供此种经营服务的个人;机动车承运人,私人车辆承运人,经纪人,货运代理人,租赁公司或其他根据相应规定需要注册登记的人;根据规定需要取得许可的交通运输网络公司。此外,委员会不应直接对驾驶员进行处罚。

6. 监管经费

(1)TNC 基金。

依据规定,委员会应该将其收取的所有费用移交给州财政部门,然后将这些费用放入由州财政部门建立的 TNC 基金。这些款项将会持续划拨给委员会,用于执行规定所需支出。所有这些款项用于投资所挣得的利息也要放入 TNC 基金。TNC 基金里每个财政年度没有花完的款项不能划归给通用基金或者其他基金。

(2)经费拨款。

除了其他拨款外,从 2014 年 7 月 1 日起第一财政年度,由 TNC 基金负责给监管部门进行拨款。委员会为执行本法案而产生的行政成本、提供法律服务成本如若超出,也可以申请更多经费。上述经费总额由上一条中监管部门的拨款再次分拨的基金中支出。

7. 实施细则

委员会依照规定制定实施细则,包括行政、缴费、安全设施的细则。委员会应该公布细则,要求 TNC 执行,并向委员会提交财务证明、持续有效的保险证明、履约保证或者自办保险的证件。

(三)华盛顿哥伦比亚特区

哥伦比亚特区议会 2014 年 11 月 18 日通过,并在 12 月 5 日颁布了《2014 年出租汽车创新修正案》,于 2015 年 3 月 10 日生效。该修正案对《1985 年哥伦比亚特区出租车委员会设立法案》进行了修改,界定了私人车辆出租公司(同 TNC)及私人车辆出租经营者,明确了车辆检查人员的制止权,明确了哥伦比亚特区出租汽车委员会(简称"特区委员会")的投诉机构,创设了私人车辆出租经营者注册登记条款,要求对私人车辆出租经营者进行犯罪背景审查;禁止私人车辆出租经营者街头招呼揽客;要求私人车辆出租公司实施犯罪背景审查、车辆检验;建立了对私人车辆出租经营者使用酒精、毒品和歧视行为的零容忍政策;要求私人车辆出租经营者将总收入的 1% 转移支付给财政部门;要求私人车辆出租经营者购买保险,制定服务收费规定;对私人出租汽车辆强制执法;解除对通过数字调度的出租汽车(巡游车)的费率规制;明确数据及传输的附加费用要求,并要求在所有出租汽车里张贴关于接受信用卡的通知;修改了哥伦比亚特区法典相关章节,免除了私人车辆出租许可证的要求,并明确取得车辆出租执照的资质条件;修订哥伦比亚特区市政条例相关条款,将出租汽车(巡游车)车辆检查从每半年一次减少至每年一次。

《2014年出租汽车创新修正案》主要包括以下内容。

1. 术语定义

"数字调度"是指乘客和私人车辆出租经营者所使用的提供公共及私人车辆出租服务的硬件和软件应用程序及网络,包括移动电话应用程序。

"调度"是指预先安排车辆出租服务的传统方式,包括电话叫车和无线电电台叫车。

"私人车辆出租"是客运服务的一类,哥伦比亚特区内的私人车辆出租经营者通过其网络提供数字化调度实现乘客与私人车辆出租经营者之间的连接,为乘客提供的出行运输服务。

"私人车辆出租公司"是指使用数字调度将乘客与私人车辆出租经营者的网络相联系的一类组织,包括公司、合伙企业或独资企业。

"私人车辆出租经营者"是指与私人车辆出租公司签订协议,驾驶个人机动车辆以提供私人车辆出租服务的个人。

"公共车辆出租"是指哥伦比亚特区内一类由机动车出租所提供的运输服务,包括出租汽车、豪华轿车或小轿车等提供的运输服务,这些车辆和驾驶员取得了符合本法案及哥伦比亚特区行政法典规定的许可证。

"出租汽车"是指公共车辆出租的一类,可以通过调度、数字调度或在街上招呼而租用,其票价由委员会批准的计价器计算,费率由委员会统一确定;但是,乘客通过数字调度租用的出租汽车可以使用根据本法规定经营数字调度的公司确定的费率。

"出租汽车业"是指所有的公共车辆出租与私人车辆出租,包括公司、协会、车主、经营者,或者任何因工作或职务而在区内直接参与公共与私人车辆出租服务的人。

"车辆检查人员"是指特区内符合相关法律、法规和规章而被雇佣以保证提供适当的服务并且通过街道执法以确保安全的特区雇员,包括依据本法和规章设立的公共与私人车辆出租使用的交通停靠站点的人员。

2. 残障人士对数字调度的可获得性

到2016年1月1日前,提供数字调度的公司必须确保该公司的网站和移动应用程序可供盲人、视障人士、聋人和听力障碍人士使用;并向交通和环境委员会,或其继任者的车辆出租监督委员会提交一份报告,阐述公司计划如何改进公共或私人车辆出租服务,以便于残疾人使用轮椅。

提供数字调度的公司不得因向残障人士提供服务而收取额外或特殊费用,或要求残障人士有随行者陪伴。

私人车辆出租经营者通过数字调度接受了使用移动设备的残障乘客的乘坐请求,在搭载乘客时,如果车辆能够装载乘客的移动设备,私人车辆出租经营者应当装载该移动设备。如果乘客或私人车辆出租经营者确定车辆无法装载该移动设备,则提供数字调度的公司不应收取行程取消费;如果已经收取该费用,应及时向乘客退款。

3. 员工及私人车辆出租经营者培训

使用数字调度的公司应当对私人车辆出租经营者进行培训,包括如何正确和安全地使用移动设备和器材、如何恭敬且有礼貌地对待残障人士等内容。

经特区委员会批准的出租汽车驾驶员培训课程的完成标准,应当符合本部分私人车辆出租经营者培训的规定。

4. 对巡游车的新要求

在原有规定的基础上,增加了以下两方面内容:一是委员会应当设立一项公告牌,以供所有出租汽车在其车身显著位置张贴,便于乘客清晰可见。公告牌应当至少 5in[1] 宽,7in 长,并包括下列内容:车辆必须具有经批准的计价器系统,接受信用卡使用;车辆在没有有效的计价器系统的情况下不得运营;不接受信用卡使用是违法行为并可处以罚款;乘客向负责处理投诉的机构提交涉嫌违规所需的信息包括电话号码,负责该投诉的机构网址。二是出租汽车所有人或私人车辆出租经营者应当从委员会网站打印该公告牌的副本以供张贴,或者要求委员会邮寄,并向委员会支付印刷费用和一级邮资。

委员会应在其网站上发布公告,表明必须遵守上述张贴公告牌的规定,并对违反规定的行为处以民事罚款或其他处罚。

委员会不得要求为小轿车(出租汽车的一种)提供数字调度的公司向委员会提供用于服务的车辆或私人车辆出租经营者的清单。

在下列三种情况下,允许车辆作为轿车级出租汽车车辆运营:一是出厂额定座位少于 10 人;二是非救护车或从以定期租赁机动车为主要业务的实体租用的车辆;三是投入服务时车龄不超过 10 年,并且投入服务不足 12 年。

---

[1] 1in = 2.54cm。

5. 私人车辆出租的一般规定

(1) 私人车辆出租公司的条件。

私人车辆出租公司应当具备以下条件：

一是设立一个申请程序，以便于任何人可以申请登记为私人车辆出租经营者。

二是保存与私人车辆出租公司有关的私人车辆出租经营者及车辆的最新登记册。

三是在公司网站上提供下列信息，包括客户服务电话号码或电子邮件地址、零容忍政策、乘客有理由怀疑私人车辆出租经营者违反零容忍政策的投诉程序、委员会的电话号码或电子邮件地址。

四是安全检测。确保作为私人车辆出租的机动车在开始服务的 90 日内，经取得《哥伦比亚特区法典》规定的许可证的机械师检验，通过初始安全检查确认安全；或者经过马里兰州或弗吉尼亚州所授权的检测站完成车辆安全检验。如果投入服务的机动车遵守每年州所要求的安全检测的规定，则不需要进行初始安全检测。安全检测的实施应当遵循规定，检查机动车设备，以确保设备的安全并具备适合的运营状态。安全检测包括 14 项，即制动系统及驻车制动器；所有外部灯光，包括头前照灯、停车灯、制动灯和牌照灯；转向灯设备；转向舵及悬架装置、转向；轮胎、轮毂和轮辋；后视镜；喇叭；风窗玻璃和其他玻璃，包括刮水器和风窗玻璃除霜器；排气系统；发动机舱盖及所覆区域，包括发动机防冻液和皮带；车辆内部，包括驾驶员座位、安全带和安全气囊；门；燃料系统；底盘。在进行初始安全检查后，每年核实上述车辆的安全检验状况。

五是在提供私人车辆出租服务前，对每个申请人完成本修正案所要求的刑事犯罪背景审查，并在之后的每三年更新这些审查。

六是依据本修正案的要求确立商业外观。

七是传送所要求的数据。

八是建立零容忍政策。建立对登录私人车辆出租公司数字调度系统的私人车辆出租经营者使用酒精、非法药物或因使用酒精或药物而受损的私人车辆出租经营者的零容忍政策；在执法检查期间，一旦收到乘客通过普通邮件或电子邮件提交的书面投诉，其中载有关于该私人车辆出租经营者违反零容忍政策的合理指控，立即中止该私人车辆出租经营者的经营行为；对乘客投诉私人车辆出租经营者违反零容忍政策的，立即开展调查。

(2) 零容忍政策的内容。

当私人车辆出租经营者登录私人车辆出租公司的数字调度网络时，根据 1977 年生效的《人权法》第 231 条（哥伦比亚特区第 2-38 号法律；哥伦比亚特区法典第 2-1402.31 号）的规定，对受保护特征的歧视行为实行零容忍政策。

歧视行为包括以下四种：一是私人车辆出租经营者基于乘客受保护的特征而拒绝为其提供服务，包括拒绝向携带服务动物的个人提供服务，除非私人车辆出租经营者向私人车辆出租公司提交了对动物有严重医疗过敏记录的文件；二是私人车辆出租经营者基于乘客受保护的特征而使用贬损或者骚扰性语言的；三是私人车辆出租经营者因乘客上车或下车地点而拒绝服务的；四是根据乘客受保护的特征对乘客进行评级的。

私人车辆出租经营者因残障人士的暴力、严重破坏或非法行为而拒绝为残障人士提供服务，不构成上述所指的歧视。但是，私人车辆出租经营者不得仅仅因为残障人士的外表或非自主行为可能冒犯、打扰或给私人车辆出租经营者或他人带来不便而拒绝为其提供服务。在根据本法案规定进行的执法检查期间，一旦收到乘客通过普通邮件或电子邮件提交的书面投诉，其中包含有关于该私人车辆出租经营者违反零容忍政策的合理指控，立即中止该私人车辆出租经营者的经营服务行为。当乘客有合理理由主张私人车辆出租经营者违反零容忍政策时，应当进行调查。

私人车辆出租公司应当备存与上述规定有关的纪录，以便执行。

（3）注册登记材料。

私人车辆出租公司向委员会登记注册应当提交以下材料：一是在特区内具有经营许可的材料；二是在特区内办理了注册代理，能够提供本法案所要求的信息资料的网站的证明材料；三是已设立了规定的商业外观的证明材料，包括商业外观的说明与照片；四是数字调度系统如何运行的书面说明材料；五是购买了所规定的保险的证明材料；六是遵守相关规定的认证材料。委员会不得对在特区内经营的私人车辆出租公司施加超出本法案所规定的登记、许可、证明或其他类似的要求。

6. 注册登记

（1）犯罪背景审查。

个人要成为私人车辆出租经营者，必须向私人车辆出租公司提出登记申请。在注册登记申请被批准之前，私人车辆出租公司应当经全国专业背景审查协会或其继任者所认可的第三方机构对申请人进行地方和全国的犯罪背景审查、全国性犯罪者数据库背景审查和所有驾驶记录审查等三项审核。

（2）申请资格。

私人车辆出租公司应当拒绝并永久取消下列人员的申请资格：一是根据地方或全国犯罪背景审查显示，在过去 7 年内曾因下列事项被定罪：违反《1901 年哥伦比亚特区法典》规定的暴力犯罪行为，及入室盗窃、抢劫或企图抢劫等行为；违反《1994 年反性虐待法案》规定的行为;违反《1982年哥伦比亚特区未成年人保护法》规定的行为;构成《1982年哥伦比亚特区盗窃和白领犯罪法案》规定的一级盗窃罪、诈骗重罪或身份盗用罪;违反任何州、联邦法律或任何美国司法管辖权所认定的构成上述情形规定的犯罪行为;发生在特区的上述犯罪行为。二是与国家性犯罪者记录数据库中的数据相符合。三是根据国家背景调查或驾驶记录调查显示,在过去7年内因以下行为被判有罪:符合《1925年哥伦比亚交通法案》规定的严重疏忽驾驶;驾驶逃离执法人员的行为;驾驶发生碰撞后离开的行为(交通肇事逃逸行为);符合《哥伦比亚特区法典》修正案规定的过失致人死亡;酒后驾驶或在药物影响下驾驶;在酒精或药物影响下驾驶商用车辆;驾驶《1982年反醉酒驾驶法案》中规定的受损的车辆从事经营;《1982年哥伦比亚特区盗窃与白领犯罪法案》规定的未经许可使用机动车辆;发生在特区内的,违反任何州、联邦法律或美国任何司法管辖权所认定的构成上述犯罪的行为;此外,依据驾驶记录审查,违反《1925年哥伦比亚交通法案》,在过去三年中因无照驾驶被判有罪的。

(3)车辆条件。

用于私人车辆出租的机动车应当满足以下三个条件:一是制造商额定载客人数为8人或以下,包括私人车辆出租经营者在内;二是拥有至少4个车门,打算投入服务的车辆大小、类型,符合相应的联邦机动车安全标准;三是投入服务时车型年份不超过10年,并且投入服务不足12年。

根据上述规定登记的私人车辆出租经营者,被认为持有在特区内运营的必要的经营许可,这种许可同样有可能被其他管辖区域或州际当局所要求。

7. 保险要求

(1)基本汽车责任保险。

私人车辆出租公司或经营者应当持有一份基本的汽车责任保险,即,对在私人车辆出租经营者从事预定行程过程中所发生的每次意外事故,提供至少100万美元的赔付保障。

私人车辆出租经营者或私人车辆出租公司应当持有一项基本的汽车责任保险,其保险范围能够覆盖在私人车辆出租经营者登录私人车辆出租公司的数码调度系统,显示该私人车辆出租经营者可接载乘客,但尚未进入预定的行程这个时间段:

一是承认该私人车辆出租经营者,并承担该私人车辆出租经营者在登录私人车辆出租公司的数码调度系统,显示该私人车辆出租经营者可接载乘客时提供运输服务的责任。

二是提供每人每宗意外事故最低保险额为 50000 美元,每宗意外事故全体人员最高保险额为 100000 美元,每宗意外事故财产损失最低保险额为 25000 美元的保险金额。

三是提供与 1985 年《哥伦比亚特区出租车委员会成立法》规定的覆盖全天时段的相同保险,该法于 1986 年 3 月 25 日生效(哥伦比亚特区第 6-97 号法律;哥伦比亚特区官方法典第 50-314 号);根据 1982 年《机动车辆强制/无过失保险法》的规定,私人车辆出租经营者的个人机动车责任保险必须附有行程保险条款或得到其认可,该法于 1982 年 9 月 18 日生效(哥伦比亚特区法律第 4-155 号,哥伦比亚特区官方法规第 31-2406 号),包含运营者个人车辆责任保险的保险附文或背书。

四是提供由私人车辆出租公司购买的责任保险,为私人车辆出租经营者登录私人车辆出租公司的数字调度系统,在显示私人车辆出租经营者可以搭载乘客的时间段内提供基本保险。

如私人车辆出租公司已经购买了上述规定的保险,须向委员会提供已购买证明。

(2)保险责任。

除非经该私人车辆出租公司核实,私人车辆出租经营者已持有本法案规定的保险,否则,私人车辆出租公司不得容许已自行购买的符合本法案规定的保险的私人车辆出租经营者接受该公司所使用的数码调度服务的出租要求。如私人车辆出租经营者持有的符合本法案规定的保险已经失效或不复存在,则该私人车辆出租公司须提供本法案所规定的保险。

任何保险规定均不得要求私人车辆出租经营者购买登录私人车辆出租公司的数字调度系统提供服务期间的个人汽车保险,不得要求私人车辆出租经营者个人提供数字调度期间的车辆保险单。

如果私人车辆出租公司购买了一份以上的保险单,涉及由私人车辆出租经营者的营运车辆发生事故所引起的损失,能够提供有效且在可赔付的保险范围之内,则有关的索赔责任须由所有可适用的保险单平等分配;如果可适用保险单的所有保险公司及保险单持有人达成书面协议,则可依照该书面协议以不同的方式分配索赔责任。

在索赔范围调查中,私人车辆出租公司应当与为该私人车辆出租经营者的车辆提供保险的任何保险公司合作,包括提供涉及该私人车辆出租经营者的意外事故发生的相关日期和时间,以确定该私人车辆出租经营者是否登录该私人车辆出租公司的数码调度系统,并处于可搭载乘客的状态。

上述保险规定,应当在私人车辆出租公司的网站上公示。该公司的服务条款不得与上述保险规定相抵触或规避上述保险规定。

(3)信息披露。

《2014年出租汽车创新修正案》生效后90日内,通过二读立法程序,补充了以下规定:以私人车辆出租经营者名义购买保险的私人车辆出租公司,应当以书面形式向私人车辆出租经营者披露,作为其与经营者协议的一部分,即,私人车辆出租公司在私人车辆出租经营者登录该公司的数字调度系统显示可载客阶段所提供的保险范围和保险责任限额。该私人车辆出租经营者的个人汽车保险单不提供物理碰撞损害保险、综合物理性损害保险、未投保及投保不足的驾驶员保险,或者因私人车辆出租经营者使用与私人车辆出租公司有关的车辆而须支付的医疗费用保险。

(4)保险单的获取。

符合上述规定的保险可以从经授权的保险公司获得或由赔率结余最高评级至少为A^-的保险公司获得。

私人车辆出租公司或经营者应自《2014年出租汽车创新修正案》生效之日起120日内购买符合上述规定的基本保险,但在此之前,公司须保持至少符合上述规定的最低限额的保险或持有负债保单,以便在私人车辆出租经营者的个人保险单被拒赔的情况下,能够支付赔偿。

(5)保险效果评估。

自《2014年出租汽车创新修正案》生效之日起一年内,市长须评估上述保险要求是否适合私人车辆出租服务的风险,并须向立法会报告评估结果。

上述保险规定中,"预先安排的行程"(预约乘车)是指从私人车辆出租经营者通过数字调度方式接受出行请求开始,持续到乘客搭乘上私人车辆出租经营者的车辆,至乘客离开私人车辆出租经营者车辆为止的一段时间内的行程。

8. 商业外观要求

私人车辆出租经营者登录私人车辆出租公司的数码调度系统提供服务时,私人车辆出租的机动车必须始终展示一致而独特的商业外观,包括商标、标志或徽章。商业外观应当足够大并且颜色对比明显,在白天至少50ft❶外的距离可见;在黑暗中通过反射、照明或其他方式明显可见。

9. 私人车辆出租经营者的要求

私人车辆出租经营者应当符合5个方面的要求:一是只接受通过私人车辆出租公司的数字调度预订的行程,并且不得街头招揽乘客或接受街头扬招。二是在登录私人车辆

---

❶ 1ft=30.48cm。

出租公司数字调度系统提供服务的任何时候使用规定的商业外观。三是持有哥伦比亚特区、马里兰州或弗吉尼亚州签发的有效驾驶执照。四是持有用于私人车辆出租的个人机动车辆保险证明。五是至少年满 21 岁。

如果车辆在接入私人车辆出租数字调度系统期间发生事故，私人车辆出租经营者或公司应当向执法人员和保险代理人提供持有上述规定的保险证明。

10. 服务收费

私人车辆出租公司可以免费提供服务，建议捐赠或收取车费；如收取车费，应当遵守规定的收费透明条款。

11. 认证、执法和监管

每 24 个月，私人车辆出租公司应当按照委员会提供的表格形式证明该公司已遵守《2014 年出租汽车创新修正案》的规定。

委员会有合理依据怀疑公司未遵守《2014 年出租汽车创新修正案》的规定时，有权检查和复制私人车辆出租公司的相关安全记录与乘客保障相关记录，以保证其遵守规定；但委员会不得向第三方披露上述记录，同时还应当遵守 1976 年 3 月 25 日生效的《1976 年哥伦比亚特区信息自由法》（哥伦比亚特区第 1-96 号法律；哥伦比亚特区官方法规§2-501 等）的相关规定。

如果市长认定私人车辆出租公司故意在《2014 年出租汽车创新修正案》规定的表格上有虚假或误导性的陈述，可以根据《2014 年出租汽车创新修正案》的规定对该公司处以民事罚款，但该民事罚款只有在私人车辆出租公司获得听证机会后才能适用，其他法律另有规定的除外。

私人车辆出租公司或经营者不遵守《2014 年出租汽车创新修正案》的规定，委员会可依据授权实施制裁，包括罚款及其他处罚。

除法律另有规定外，委员会不得要求私人车辆出租公司向委员会提供私人车辆出租经营者的清单或与私人车辆出租公司有关的车辆清单。

12. 车辆检查人员

车辆检查人员应接受有关私人车辆出租和公共车辆出租的规章制度的培训，并每年进行绩效评估。禁止车辆检查人员拦截正在运送乘客的私人出租车辆或公共出租车辆，除非有合理怀疑该车辆违反了规定，并应按照规定执行检查。

在对非法街头扬招有合理怀疑的情况下，公共或私人车辆出租经营者应向执法人员或车辆检查人员提供相应设备，该设备包含行程的电子记录，足以证明有关行程是通过数字调度预先安排的。不拥有或不能提供含有此类记录的设备将构成违法行为,应当受到惩罚,可处以罚款或市长规定的其他处罚,但不得要求私人车辆出租经营者放弃对包含通过数字调度安排的行程证据的设备的保管。

13. 其他规定

(1)隐私和商业秘密保护。

提供数字调度的公司应免受委员会的监管,但根据上述规定发布的规则除外。委员会只可在确保符合服务要求的必要范围内制定相应规则,但应保护乘客和私人车辆出租经营者的个人隐私权,不得泄露商业秘密。

(2)车费计算。

如果使用数字调度的公司将客户连接到私人出租车辆或公共出租车辆,而不是巡游出租车辆,则公司应按照该服务类别所要求的方法计算车费;如果使用数字调度的公司收费不同于巡游车价格,在预订车辆之前,公司应当向客户公开费用计算方法、适用的税率和对可估算费用的选择。公司应当核查任何关于费用超过预估费用20%或25美元(以较少者为准)的客户投诉。

(3)服务范围。

使用数字调度的公司应当提供遍及整个特区的服务。

(4)使用数字调度提供服务的要求。

使用数字调度提供公共车辆出租服务的公司,应当在委员会登记并向委员会提交其在特区获得营业执照的证明,拥有特区内的注册代理人及包含费用计算方法、费率和收费资料,以及包含客户服务电话、邮箱等信息的网站。使用数字调度提供私人车辆出租服务的公司应当遵守关于私人车辆出租公司注册登记的相关规定。

每3个月,除了巡游车外,使用数字调度提供私人车辆或公共车辆的出租公司,应向首席财务官办公室缴纳该地区内的所有行程运营总收入的1%。缴纳的款项将存入根据《2014年出租汽车创新修正案》设立的公共车辆出租服务基金。公司应证明缴纳的款项是来自通过数字调度安排的行程收取的费用。财务总监办公室可检查公司的记录,以确保符合规定;但披露给首席财务官办公室的任何记录不得向第三方披露,同时应当遵守1976年3月25日生效的《1976年哥伦比亚特区信息自由法案》(哥伦比亚特区第1-96号法律;华盛顿特区法典第2-501节等)的规定。

公司为出租汽车或依据委员会规定被认可的收费服务提供者提供数字调度服务,应当向首席财政官办公室缴纳每个行程附加费,并存储于公共车辆出租客户服务基金。办公室可以检查公司记录确保遵守规定,但任何向办公室披露的信息都不能向第三方披露,同时应当遵守《1976年哥伦比亚特区信息自由法案》(哥伦比亚特区第1-96号法律;哥伦比亚特区法典第2-501节等)的要求。

在市长宣布州紧急状态期间,提供数字调度并实行动态调整定价的公司,应当将涨价幅度限制在宣布紧急状态前的哥伦比亚特区60日内相同服务的基础价格的三倍以下。

私人车辆或公共车辆出租经营者可以隶属于一家以上的使用数字调度的公司,除非公司与经营者另有约定。

由私人或公共出租车辆经营者通过数字调度服务与乘客连接的电子行程单,包括"按照指示"或类似措辞及乘客的旅行目的地,目的地应当包含在已经完成的行程单里。

使用数字调度的私人车辆或公共车辆出租公司收集或传输的有关客户或客户行程的数据或信息,委员会不得要求向其提供;但出租汽车计程计价设备收集的所有行程的匿名行程数据应在所有行程中收集并传输给委员会。

(5)申请资格的例外。

居住在哥伦比亚特区、马里兰州或弗吉尼亚州的人具有申请经营公共车辆出租的经营者和车辆牌照的资格。根据《1985年哥伦比亚特区出租汽车委员会成立法》,该申请资格的规定对隶属于私人车辆出租公司的私人车辆出租经营者不适用。

(四)纽约市

Uber从2011年5月3日开始进入纽约市场。2012年9月,Uber正式开始提供服务。Uber的兴起凸显出立法空白。在Uber租车服务体系中,驾驶员是独立合同工(Independent contractor),其工作时间、最低工资、工作保险、上税等,都与传统出租汽车公司的员工不同。另外,驾驶员如有违法行为,Uber公司在诉讼中应当承担哪些责任,并不明确。

因此,纽约交通部门在2015年6月出台了一项新的规定,明确将从事Uber、Lyft等租车服务商定义为"交通运输网络公司"。2018年,纽约市议会成立了一个专门针对Uber、Lyft等租车服务的新委员会。与加州等地相同,纽约通过引入TNC的概念明确了Uber、Lyft等租车服务的合法地位,同时对平台公司、车辆和驾驶员制定了明确的准入标准和管理规定。但纽约从城市交通总体运行状况出发,对Uber、Lyft等租车服务的发展实行了严格的限制政策。

1. TNC服务规范要求

根据纽约市新的规定,TNC服务需要符合以下要求:一是向纽约交通部门申请执照。按照要求,执照的申请者必须年满19周岁,且从最新一次违章记录之后的15个月内,机动车驾驶证扣分不得超过5分。二是在申请时,需要向纽约交通部门提供机动车驾驶证以及各项相关文件,包括驾驶技能证书等,同时还需完成药物测试,并前往相关部门录入指纹。申请者还需要接受一系列的培训课程,包括如何向残障人士提供服务、判断是否存在人口贩卖等内容,并完成一项共计24h的课程。三是在申请者提交完表格后,纽约交通部门将会对申请者的背景情况进行评估,包括其违章驾驶状况以及是否存在违法行为等。四是驾驶员还必须持有购买的合格保险以及有效登记的当地车辆。

目前,在纽约从事Uber、Lyft等租车服务的驾驶员,都必须拥有这一执照。按照规定,私人车辆加入Uber、Lyft等租车服务平台公司且在提供服务之前,必须依照规定完成包括19个车辆部件的全面安全检查。此后,平台公司有义务确保车辆每年接受同样的检查,并保留检查记录以供审查。同时,禁止重度改装的车辆用于Uber、Lyft等租车服务运营。

2. 车辆总量控制

纽约市研究数据表明,从2015年到2018年,纽约市Uber、Lyft等租车服务车辆数量从1.2万辆增加到了超过8万辆。2018年,纽约曼哈顿29%的道路交通是由于Uber、Lyft等租车服务车辆产生的,而这些车辆41%的时间处于空驶状态,给城市带来了更严重的交通拥堵,同时也对传统巡游车造成了冲击。为此,纽约市议会在2018年8月通过144-B法案,要求开展Uber、Lyft等租车服务对城市交通影响的相关研究,并在一年内暂停发放新的Uber、Lyft等租车服务车辆执照,纽约成为全美首个对Uber、Lyft等租车服务车辆总量进行限制的城市。2019年8月,该政策到期后又宣布延长一年,至今仍未放开。

3. 运营时间和最低收费标准

除了总量限制,纽约还规定了Uber、Lyft等租车服务的运营规则。2019年8月,纽约市出租汽车和豪华车委员会(New York City Taxi and Limousine Commission)发布规定,在延长Uber、Lyft等租车服务车辆总量规制时限的同时,还要求Uber、Lyft等租车服务在曼哈顿核心区车辆空驶时间不得超过运营时间的31%。此外,为了保护驾驶员收益,并防止Uber、Lyft等租车服务过度低价吸引大量乘客,还通过了890-B法案对Uber、Lyft等租车服务的最低收费标准进行限制,并要求每年通过成本审查和交通拥堵情况对最低收费标准进行调整。

二、英国

(一)伦敦对Uber等租车服务纳入"约租车"进行管理

20世纪60年代,随着电话叫车需求的普及,伦敦出现了提供计程服务的约租车,并在 1998 年颁布了《约租车法案(伦敦)》[*Private Hire Vehicles(London)Act* 1998]。英国尚未制定全国统一的对 Uber 等租车服务监管制度,但首都伦敦是欧洲最早正式接纳 Uber 等租车服务的城市之一。早在 2012 年 5 月,Uber 就获得了伦敦地区的出租汽车经营许可,到 2015 年,在伦敦的注册用户已超过 100 万,合作的驾驶员超过 1.8 万人。Uber 等租车服务出现后,伦敦市沿用已有管理体系,针对其预约的特性将其纳入《约租车法案(伦敦)》的管理体系,区分 Uber 等租车服务与传统巡游车服务,把 Uber 等租车服务归入约租车的类别,实行双轨制管理。《约租车法案》对从事 Uber 等租车服务运营的车辆、驾驶员进行了详细的规定。

1. 执照要求

根据伦敦交通局的规定,在伦敦,私家车想要从事载客,驾驶员已运营的车辆需要向交通局申请执照,拥有执照的人和车才可以从事这一行业。申请执照时需要在交通局的官网上注册账户,填写一系列表格。申请者还需缴纳大约 300 英镑的申请费用,包括表格的工本费以及各项测试的费用等。交通局还规定,获得执照的驾驶员,必须佩戴相应的徽章,且必须无偿搭载残障人士。截至 2016 年 10 月 9 日,伦敦交通局一共向 113099 人颁发了私家车出租汽车驾驶员执照,给 83438 辆私家车颁发了网约车执照。

2. 车辆要求

(1)车辆座位少于 9 座(包括驾驶员),按照道路交通法案的规定购买保险。

(2)必须通过指定检测中心进行的车检,检测内容涵盖发动机、车灯和座椅等 15 个方面,安装专门的牌照等。

(3)条件包括必须服务于私人出租车行,其以盈利为目的,以此区别于公共服务车辆以及单一用途的礼宾车。

(4)车辆的大小、类型和设计要符合法律规定,并且不得使用有可能会被误认为是出租汽车的设计和外观,并且需要安装专门的牌照以作识别。

3. 驾驶员要求

(1)年龄。对于驾驶员而言,申请者必须年满 21 周岁,拥有合法驾照且驾龄在 3 年以上,同时还必须"拥有在英国生活、工作的合法身份"。

(2)品行(犯罪记录)。申请者必须品行良好,通过犯罪记录审查,接受犯罪记录查询,无纪录者方可申请。另外,驾驶员必须没有道路违法记录和其他犯罪记录,包括不能有任何暴力犯罪(如谋杀,拐卖儿童等)、不能有严重的性犯罪记录(不论年龄大小)等。

(3)身体状况要求。申请者还需身体健康,并接受必要的体检,接受专业的医学检查。只有符合上述条件的人员,才可以申请执照。

(4)测试。申请者必须通过一项关于有关伦敦地形、路况等信息知识的测试,只有导游以及此前通过过此类考试或出租汽车驾驶员测试的人,才可以免于此项测试。申请者还必须通过由专业机构主持的地理能力评估,包括看地图和规划路线的能力。伦敦传统出租汽车驾驶员和Uber等租车服务驾驶员的主要区别在于对伦敦的了解程度:传统出租汽车驾驶员往往通过了一项十分严苛的测试,对伦敦市内的地形十分了解,能够背出25000条街道的名称,还要对十字路周围方圆6mile❶内的地标烂熟于心。而Uber等租车服务驾驶员虽然经过了相关测试,但要求并不像前述出租汽车驾驶员那样严格。

4. 运营规范

伦敦交通局要求驾驶员在运营时,必须佩戴专门的Uber等租车服务驾驶员徽章,允许导盲犬等上车,车上有足够的空间和设施可以安放残障人士轮椅等。为了保证出租汽车市场的有序运作,在路段管理上,伦敦也有一些因地制宜的做法。比如,公共汽车专用道,黑色出租汽车(伦敦传统出租汽车,外观为黑色)也可以使用。另外,在火车站或是机场,也有专门为黑色出租汽车停靠接客的路段。而这些地方,Uber等租车服务车辆都不能占用。同时,传统出租汽车可以招手即停,而Uber等租车服务车辆则只能通过事先预订。

5. 保险

伦敦交通局对于Uber等租车服务车辆的保险也有严格规定,必须按照道路交通法案的规定购买保险。平台公司需要购买公共责任险(Public Liability Insurance),以应对一些公共突发事件,其承保范围为承担公共责任风险以及应对公共突发事件,承保金额高达500万英镑。Uber等租车服务驾驶员需要购买有偿租车保险(Hire and Reward Insurance),该保险承保范围较广,不仅包括驾驶员与乘客的安全,还包括车辆的安全,承保金额也是500万英镑。

伦敦将监管重点放在对平台公司的监管上,确保平台公司落实相关责任与义务。伦敦交通局设有专门的检查专员,每年不定期对平台公司进行合规检查。与此同时,伦敦明确以运营安全为监管底线,对平台公司实行严格的退出机制。2019年11月,伦敦交通局认为Uber在安全方面存在诸多隐患,如给无资质驾驶员派单、驾驶员袭击乘客等,宣布到期后不再向Uber发放新的平台运营牌照。2020年9月,Uber在更新了多项安全

---

❶ 1mile≈1.61km。

管理措施并承诺不再向无资质驾驶员派单后,伦敦宣布延长平台运营牌照18个月。

(二)2016年2名驾驶员状告Uber案

1. 案件基本情况

2016年7月,英国两名驾驶员将Uber告上了就业法庭,称Uber的行为不合法,将他们当作独立的合同工,不向他们提供正常雇佣关系下的员工福利。最终,英国法庭判决两名驾驶员胜诉。

英国就业法庭认为,Uber应当将驾驶员视为公司正式员工,而不是独立的合同工,这意味着Uber驾驶员将可以享有带薪休假以及最低工资保障等福利。法庭裁定,Uber应该向驾驶员支付最低工资(超过21岁的英国人最低工资为8.80美元/h,而工作时间则是从驾驶员在Uber注册时计算)。两名Uber驾驶员的代理律师表示,法庭还将对此案举行进一步听证,以计算他们在节假日应得的报酬,以及Uber所应缴纳的养老金比例。此案两名原告驾驶员之一表示,在2015年8月,他的时薪低于6.70英镑(约合8.80美元),这也是英国当时的最低工资标准。

Uber坚持认为,在"零工经济"中,个人可以同时为多家公司工作,不与他们签订固定的劳务合同。在英国,4万名Uber驾驶员享受着弹性工作机制的便利,可以选择一份平均收入远高于最低工资的工作。英国大部分企业员工都享有最低工资保障,但自由职业者并不享有这种待遇。

因此,Uber对就业法庭的决定提出上诉,但上诉法庭于2017年11月维持了该裁决。Uber又向高等法院提出上诉。高等法院于2018年12月作出维持该裁决的最终裁决。法官在发表判决时指出,驾驶员不仅在有乘客搭载时视为在工作,而且在登录该应用程序时,也应当被视为在工作。英国高等法院最终裁决,Uber驾驶员从其登录应用程序直到注销应用为止,都必须视为"雇员",而不是自由职业人士。该裁决意味着成千上万的Uber驾驶员有权享受最低工资标准和带薪休假等福利,对出行市场的影响将是深远的。

2. 相关法律问题的讨论

(1)关于Uber驾驶员身份的认定。

在英国的法律中,存在雇员和独立承包人的区分。雇员是雇佣合同的一方当事人,即受雇佣的人。1996年,英国颁布的《就业权利法案》明确将雇员定义为"是签订了雇佣合同或者根据雇佣合同工作的人,也包括那些雇佣合同已经终止,曾经根据雇佣合同工作的人"。独立承包人是服务合同的一方当事人。这两种人在法律适用上也是不一样的。如《就业权利法案》中关于遣散费用的规定,仅适用于雇员。法律上规定的一些权利、义务和责任通常仅适用于雇佣合同的当事人而不适用于服务合同。而且,这两类人适用的税也不一样。

因为 Uber 驾驶员的工作具有很强的灵活性,英国最高院所讨论的是,Uber 驾驶员是属于雇员,享受劳动法保护;还是属于独立承包人,不享受任何劳动法保护。最终,英国最高院将 Uber 驾驶员认定为雇员。

(2)法官在判决中的考量因素。

根据上述雇员和独立承包人的定义,法官指出,Uber 驾驶员案件的核心是,Uber 驾驶员到底是根据合同为 Uber 服务,还是 Uber 只是中介,Uber 驾驶员只是通过这个中介为乘客(顾客)提供服务。

法官重点考察了五个方面:第一,在整个服务过程中,完全由 Uber 确定票价,确定给驾驶员支付的报酬,这意味着 Uber 决定了驾驶员可以赚取的收入。第二,由 Uber 决定其和驾驶员之间的合同条款,驾驶员没有参与协商的权利。第三,Uber 对驾驶员运营服务行为实施了控制,如果驾驶员多次拒载,Uber 会对其进行处罚;如果驾驶员的接单率低于公司设定的比例,驾驶员会收到警告信息,直至被强制退出 App。驾驶员接单后,App 会提供最佳行驶线路给驾驶员,指挥驾驶员如何从接到乘客到将乘客送到指定地点。乘客可以对未经同意,没有按照 App 提供的最佳线路行驶的驾驶员投诉。第四,Uber 通过星级评定来监控驾驶员的服务。对乘客评分比较低的驾驶员,Uber 会进行警告并采取相应处罚措施,直至终止驾驶员接单。第五,乘客在约车时,Uber App 会自行配对驾驶员,乘客没有选择权。乘客将费用直接支付给 Uber,发票由 Uber 开具。

综上,法官认为,Uber 驾驶员处于劣势地位,驾驶员向乘客提供的服务是在公司严格定义和控制下完成的,是 Uber 而不是驾驶员获得了乘客的忠诚和商誉利益。对于 Uber 驾驶员来说,只能通过持续满足 Uber 的要求,尽可能延长工作时间来提高自己的收入。

在本案中,Uber 和旅游订票网站(类似我国的携程)两者的相同之处在于,在订票网站上,顾客和宾馆签订的也是标准化的合同,合同内容涉及订票网站、宾馆和顾客的权利义务关系。网站先收取顾客费用,扣除固定的服务费后交给宾馆。网站也会要求宾馆遵守特定的规则和标准,处理顾客的投诉事宜。但 Uber 和这些旅游订票网站的最大区别在于,顾客可以选择各种宾馆,每个宾馆有它的特色和地点,订票网站提供的不是标准化的产品。此外,区别还在于,网站除了收取固定的服务费外,住宿价格是由宾馆设定的等。因此,Uber 和这类网站的性质是不一样的。这些服务网站是中介公司,但是 Uber 不能被认定为中介公司。

三、巴西

（一）圣保罗地方政府对 TNC 服务监管的起因

尽管巴西各家 TNC 服务公司都宣称，其新兴的交通模式有助于缓解巴西城市严重的交通拥堵状况，但圣保罗地方政府发现高峰期间的拥堵问题，在 TNC 服务盛行之后反而日益加重。因为 TNC 服务所吸引的公交用户远多于小汽车用户。因此，圣保罗地方政府下定决心要加强对 TNC 服务市场的监管，并致力于实现"将互联网约车打造成为现有公共交通系统的补充，而非竞争者"的目标。

（二）圣保罗 2016 年监管法案征求意见稿

2016 年 1 月 27 日，圣保罗发布了针对 TNC 服务进行监管的征求意见稿，即通过拍卖行驶里程收费来管控 TNC 服务。巴西圣保罗 TNC 服务公司主要有 Uber、Lyft、EasyTaxi、99Taxi 等，小汽车共乘服务的互联网公司主要有 BlablaCar、Caronetas、Tripda 等。具体来说，圣保罗 2016 年监管法案征求意见稿主要包括以下内容。

一是 TNC 服务公司将通过竞标，预先购买行驶里程，里程包括载客里程和空载里程，也被称为"credits"（信用里程）。信用里程的使用时间是两个月，如果实际行驶里程超过了 credits，那么将支付额外的拥堵附加费。收取的费用将用于市政设施的管理和维护，以及扩建和改善公共交通系统。任何已注册的 TNC 公司都可以在网上公开拍卖竞购一定时间内的 credits，并且由市政府设定一定限制确保公平竞争。通过这个方法创造一个信用交易市场，并且通过一个和汽车保险业类似的"开多少付多少"的原则去调整市场规则。同时，也通过对 TNC 公司收取费用，将费用专款专用于市政设施的管理和维护。如果某些出行方式行为被认为是能有效减少城市拥堵的，那么这些行为将被减免相关费用。

二是建立里程信用系统（credits），奖励那些在非高峰时段工作，或者进入公共交通运力与传统出租汽车运力不足地区的 TNC 服务车辆。同时，TNC 服务车辆若为残疾人和老年人提供出行服务，也可获得额外的里程奖励等。

三是允许 TNC 服务车辆公司在高峰提高收费价格，允许 TNC 公司以更多的价格调节机制和定价的灵活性，以弥补公共交通和出租汽车在高峰时段的不足，尤其在交通供给不足的地区以及公共交通难以覆盖地区的群众出行。但是政府每年基于公司上交的运营数据，调整最高加价限制规则。

四是要求 TNC 公司向交通管理部门提供实时数据。例如出行起讫点、时间、距离和行程、价格和评价等。基于这些大数据,交通部门可以更好地组织公共交通,提高服务质量和效率。例如其既可以用于完善城市路网,也可以对个体交通出行进行精确的交通诱导,更好地服务城市交通和居民。圣保罗已经为此专门建立了城市出行实验室(Mobi-Lab),这是由计算机专家和大数据科学家共同组建专业类 TNC 公司数据分析实验室。当实时数据和分析数据能够结合时,圣保罗将通过调整 TNCs 类公司的竞拍费用,在确保社会效益最大化的同时,优化公共交通系统。

巴西圣保罗针对这个法案的投票,由于当地出租汽车驾驶员的抗议而被迫取消。抗议主要认为这项监管条例还是保护了 Uber 等公司的不公平竞争行为,包括不用缴纳给政府任何相关营运费用、不受政府交通部门的各类监管等。

(三)交通运输技术运营商许可证法案

由于圣保罗 2016 年监管法案征求意见稿未获得通过,圣保罗市不得不于 2016 年 5 月 10 日批准了《交通运输技术运营商许可证法案》(Licensed Transport Technology Operators)。具体包含内容如下:

一是 TNC 公司需缴纳运营许可管理费,费用多少基于行驶里程数,起步价约为每位乘客每公里 0.03 美元。

二是 TNC 公司对公众开放出行数据,包括出行前等待时间、起讫点、出行时间、距离、行程线路、车费、驾驶员信息和服务评价等。

三是为乘客购买意外事故险;需安装电子设备来控制燃油消耗量;规定车辆运营最长年限为 5 年(若该车拥有防抱死制动系统超过 18 个月,运营年限可放宽至 8 年);每个月确保一定的信用里程必须是女性驾驶员,而女性驾驶员的驾驶里程根据其驾龄的不同进行换算。

税收及上缴费用的一部分,将用于巴西国家城市出行规划项目,另外一部分用于常规的日常出行服务。当居民降低了对出租汽车的出行需求时,政府将出面控制分配给 TNC 公司的里程数,或者增收里程费用以降低居民对 TNC 公司车辆的需求。

另外,圣保罗还建立了对 TNC 公司的监管机构,即道路监管委员会,由交通部长、政财和经济发展部长、城市基础设施建设部长和圣保罗的首席执行官组成。其职责包含:制定满足现有经济活动的城市基础设施建设目标;设定收取每项服务的价格标准;跟踪、监管、测量和评估法案中监管政策的实施效率,并从财政、环境和技术各方面定义绩效考核指标。

四、日本

日本对新生事物的引进都要从合法性、安全性等多方面反复论证。对出租汽车行业的管理也非常严格。由于日本禁止非职业驾驶员提供出租汽车服务，Uber等租车服务在一些城市也遭到了抵制和限制。在日本，利用私家车有偿载客的行为被称为"白出租行为"，被其《道路运输法》明令禁止。

（一）传统出租汽车行业严格的准入制度

日本传统出租汽车经营者众多，按经营主体的不同，可分为企业经营者与个人经营者。企业经营者即所谓的出租汽车公司，以现代企业模式运营，出租汽车驾驶员与公司之间是雇佣关系，出租汽车驾驶员收入包括基本工资及奖金，奖金源自每月业绩；个人经营者，每一辆出租汽车即是一个独立的主体，驾驶员自负盈亏，类似于我国的个体经营户。

日本对出租汽车公司设立有严格的许可制度。出租汽车公司必须通过烦琐的申请和审查，符合众多特定规定和条件，经国土交通省或各主要城市的分支机构审查批准后，才能够拿到营业执照。

对个人申请从事出租汽车经营的，条件更为严格。申请个人出租汽车经营执照，必须拥有5年以上的客运车辆驾驶经历，且5年内无事故无违章。如果没有5年以上的客运车辆驾驶经验，必须拥有10年以上驾龄，且在过去10年中没有发生过交通事故和违章，在此基础上还要参加个人出租汽车经营执照考试。

对车辆的车检、保险、卫生等都有严格标准。如果私家车从事运营活动，不但涉嫌偷漏税，而且一旦发生交通事故，治疗、赔偿等问题将难以处理。所以，日本是绝对不允许私家车从事商业运营的。

（二）Uber等租车服务的发展

Uber进入日本市场以后，在东京开始提供叫车服务，但它是与当地出租汽车运营商合作的，也只是日本多个出租汽车打车软件之一。Uber为出租汽车公司及个人经营者提供网络预约平台，经营者通过加盟平台实现增加乘客以达到提高营业利润的目的。日本Uber的营业利润主要来自出租汽车经营者缴纳的加盟费。出租汽车公司通过加盟这一系统来实现增加乘客增加营业利润的目的。

2015年2月，Uber在日本西部城市福冈推出了打车试点项目，用户通过Uber应用程序联系该地区的私家车驾驶员,后者像出租汽车一样接送客人,但不向乘客收取费用。事后,Uber 根据驾驶时间等向注册驾驶员支付报酬。但仅一个月后,日本国土交通省就叫停了该项服务,理由是 Uber 的做法实质是让驾驶员有偿接送乘客,违反了日本的《道路运输法》,因为该法律对出租汽车的准入规则和驾驶员的资质有严格规定。同年 3 月 6 日,Uber 宣布在日本停止该项服务。

2016 年 2 月,Uber 宣布在日本富山县(Toyama)南励市(Nanto)进行另一个试点项目。南励市政府支持该项目,想以此为城市吸引更多游客。当地出租汽车公司则强烈抗议,并向市议会议员投诉,因为担心 Uber 开始正式调遣车辆后会抢占其市场资源。面对压力,南励市政府同年 3 月宣布取消了该项目。2016 年 5 月,Uber 只能在日本京都府北部的京丹后市运营,而且其驾驶员和车辆必须在中央政府登记在册。在京丹后市有 18 辆汽车可提供服务,价格是出租汽车的一半。由于日本法律禁止私家车主搭载付费乘客,虽然这个禁令不适用于没有公共交通的地区,但是受此限制,只能在人口极度稀少的地区运营,而且必须向京丹后市市政厅提交每日运营报告。

总之,在日本,Uber 像出租汽车运营商一样被监管,不能像在其他地方一样自由扩张。日本出租汽车协会联盟(Japan Federation of Hire-Taxi Association)表示,拒绝任何妥协或有附加条件地接受取消禁令或者让白色出租汽车合法化的举动。

(三)Uber 等租车服务面临的法律障碍

在东京乃至日本全境,Uber 利用私家车为乘客提供约车服务受到严格禁止。Uber 等约车服务平台在东京的业务只能局限于帮助乘客呼叫传统巡游车。2020 年 7 月,Uber 与三家东京出租汽车公司合作,为 600 辆巡游车提供网约服务。Uber 公司利用私家车为乘客提供约车服务在日本仅运营了 3 年时间,且一直未获得日本国土交通部颁发的经营许可证,也无法拓展业务,最终放弃了日本市场。究其原因,在于其与日本的现有法律规定相悖,其面临的法律障碍主要有以下三个方面:

一是违反"市场公平竞争原则"。在日本,无论是企业经营出租汽车还是个人经营出租汽车,其市场地位是平等的,两者之间是公平竞争,企业经营出租汽车并不比个人经营者有更多的优势。但是,随着 Uber 的出现,加盟了 Uber 平台的出租汽车公司或个人经营者,其经营状况良好,而未加盟的则经营状况不佳,这使得原有的公平竞争状态被打破。这一点明显违反了日本《商业法》规定的"市场公平竞争原则"。

二是"白车"无证营业不符合法律规定。日本的私家车都使用白色牌照,因此,日本把从事非法运营、无牌照的车辆称为"白车"。Uber 平台上并非仅有拥有出租汽车经营许可证的出租汽车,部分无证经营的"白车"也通过加盟约车平台招徕生意赚钱。"白车"不仅破坏了原有出租汽车经营服务的秩序,其无证经营也是被日本《道路运输法》与《道路营业法》明令禁止的。日本《道路运输法》规定,私人车辆(未注册为营运性质的车辆)不能从事有偿运输服务,因此,私家车不可直接接入约车平台从事运营服务。

三是乘客安全隐患。无证经营的出租汽车,一旦发生交通事故,乘客难以获得正规渠道的赔偿。因此对于乘客来说,存在很大的安全隐患,合法权益难以得到有效保障。

基于以上三个原因,日本政府认为,Uber公司在日本开展业务,将严重破坏出租汽车行业的公平竞争,同时还将助长"黑车"的横行,是一种违背法律原则的行为,因此不同意向他们颁发营业许可证。当Uber公司进入日本市场时,最先出来抵制的是出租汽车行业协会。他们认为Uber将扰乱日本的出租汽车市场,因此向日本国土交通部提出了反对意见,最后导致Uber被禁止。

五、新加坡

(一)发展情况

1. 出租汽车在城市公共交通中的作用

新加坡国土面积狭小,公交优先很早就被新加坡确立为国家战略。早在1975年,新加坡率先实施拥堵收费政策。1990年,新加坡又开创性地实施小汽车配额管理(拥车证)。在新加坡,出租汽车被定位为公共交通的补充。新加坡采取了类似针对私人小汽车的政策,对出租汽车予以限制。比如:出租汽车与私人小汽车一样,要购买拥车证,一个拥车证高达约人民币40万元;出租汽车需要缴纳额外的道路税,相比私人小汽车,每年多承担约2.5万元人民币特别道路税;出租汽车进入中心城区同样要缴拥堵费。新加坡以地铁和公交等集约型出行模式为主导发展公共交通,出租汽车在新加坡公共交通出行结构中的比例逐渐降低。

2. 网络预约出租汽车服务的兴起

新加坡国土面积较小,导致其国内的人均土地资源和道路资源的占有量长期处于较低的水平。在客观条件限制下,新加坡出租汽车市场一直以来处于政府主导下的市场竞争状态,普通民众的出行存在较大的供给缺口,这给网约车带来了迅猛发展的机会。在新加坡,通过电话等传统模式预约的电召出租汽车服务由来已久,电召(包括电话、短信、固定终端、手机App等)在新加坡发展得一直很好,在网约车没有进入市场之前,全行业三年内电召量增加了近50%。康福德高拥有全新加坡59.8%的出租汽车,是新加坡最大的出租汽车公司,属于行业龙头企业,2014年每天电召量高达9.8万次,车均日订单约6个。

在新加坡,GrabTaxi等东南亚本土互联网公司,以出租汽车电召为切入口,通过驾驶员端补贴吸引既有出租汽车加入平台,特别是对康福德高之外的较小的出租汽车公司颇有吸引力。进入出租汽车市场后,这些互联网公司又与约租车企业及租赁企业合作,利用这些公司的车辆,针对高峰期打车难、价格复杂、服务质量等问题,网约车业务得到了快速发展。Uber和Grab成为新加坡规模最大的两家网约车服务平台。

2015年起,新加坡网约车数量飞速增长,在一年内就超过出租汽车数量。截至2017年4月,新加坡网约车数量已超过4万辆。在高峰时段,有8000～10000辆网约车参与运营,数量几乎是其出租汽车总量的三分之一。Uber和东南亚本土的GrabTaxi基本上占据了网约车市场,对传统出租汽车形成很大挑战。传统出租汽车企业向政府提出要求,认为现有监管机制不公平,而网约车本身存在安全隐患,比如驾驶员没有经过警察部门的背景审查而从事公共服务等,均促使监管部门研究出台对移动互联网时代约车服务的监管政策。

(二)监管政策

2013年,Uber进入新加坡。对如何规制这个新兴行业,与世界各国的许多城市一样,在新加坡也产生了很多争议。面对移动互联网技术给出租汽车行业带来的变化,新加坡监管当局也在不断提出解决方案。

2014年以来,新加坡先后通过修订《道路交通法》(*Road Traffic Amendment Act* 2014),制定《第三方出租车预约服务提供商法案》(*Third Party Taxi Booking Service Providers Act* 2015),针对第三方出租汽车电召平台、顺风车、网约车,出台了监管政策,同时赋予陆路交通管理局更大的管理和处罚权限。

1. 第三方出租汽车预约服务提供商的运营要求

第三方出租车预约服务商就是通常所说的第三方出租汽车电召平台,通过出租汽车电召平台能更有效地匹配出租汽车与乘客。为了维护乘客的出行安全和利益,2014年11月,新加坡陆路交通管理局(LTA)提出了对第三方出租汽车预约服务商的监管框架。LTA就监管框架向乘客、全国出租汽车协会(NTA)、第三方出租汽车预约服务公司和出租汽车公司广泛开展了咨询和征求意见。2015年5月,经新加坡国会通过了《第三方出租汽车预约服务提供商法案》,对第三方出租汽车电召平台进行了规范,同年9月开始生效。根据这项法案,任何接入出租汽车超过20辆的约车平台,都需要在陆路交通管理局注册,获取经营许可。

《第三方出租汽车预约服务提供商法案》主要内容包括以下方面:①所有新加坡第三方出租汽车电召平台都必须在陆路交通管理局注册。注册成功的申请人被授予登记证书,有效期为三年。②第三方出租汽车电召平台每周向监管部门提交预约服务数据。③第三方出租汽车电召平台只能调度有合法资质的出租汽车和持有有效出租汽车驾驶员职业执照的出租汽车驾驶员,确保为乘客提供服务的出租汽车和出租汽车驾驶员的合法性,并遵守 LTA 出租车服务质量标准(QOS)和出租汽车驾驶员职业执照(TDVL)的规定。④第三方出租汽车电召平台收费应当透明,且收费不得超过出租汽车公司公布的收费标准;在乘客接受派遣的出租汽车之前,基本费率、附加费和其他可能的收费等信息必须提前明确告知乘客,其中包括起步价、距离和时间费率、服务提供者收取的预订费、高峰期和位置附加费。不允许竞价和提前预付小费的行为,以确保对所有乘客同等对待。此外,第三方出租汽车预约服务公司收取的预订费不能超过出租汽车公司收取的预订费。⑤第三方出租汽车电召平台不能强制要求乘客在预定前指定目的地。手机 App 不得强制乘客标明目的地,以防止驾驶员挑客、拒载,避免驾驶员接受某些特定目的地的预定。因此,LTA 规定由乘客来决定他们是否想要提供这些信息。⑥第三方出租汽车电召平台应当为客户提供相关基本服务,包括失物招领、为乘客提供查询和投诉渠道等。

2. 私人小汽车合乘的界定标准

2015 年 2 月,新加坡议会又通过了《道路交通法(合乘例外)》的修正法案,对私人小汽车合乘(俗称"顺风车")进行了规范,明确界定了私人小汽车合乘。主要内容包括:①合乘基于车主的顺路行为而发生。②车主不得在道路上、停车场或公共站点主动招揽乘客。③车主应在合乘前告知乘客出行目的地,并就合乘费用(现金或其他对价形式)、上车地点、下车地点等事项与乘客协商一致。④费用不得超过因合乘产生的成本;如果合乘有 2 名以上乘客,则合计收费不得超过因合乘产生的成本。⑤每位车主每日合乘次数不得超过 2 次。⑥车主不得在车内外张贴有关招租费用等信息。

3. 网约车驾驶员职业执照的申请规则

2015 年 6 月,新加坡陆路交通局开始研究网约车监管,以规范本地的 Uber 和 Grab 等约车服务,保障乘客安全。2016 年 4 月 12 日,新加坡网约车监管政策正式公布,即从事网约车服务的驾驶员必须取得"网约车驾驶员职业执照"(Private Hire Car Driver's Vocational Licence,PDVL),明确了 PDVL 的申请规则,从审查、资格标准、培训、纪律措施、转换条件五个方面规范了网约车驾驶员的准入,确保驾驶员在经过培训后才能为乘客提供安全的接送服务。与此同时,充分考虑巡游车驾驶员群体的利益,明确巡游车驾驶员无须申请和考核即可直接从事网约车服务。

网约车驾驶员职业执照的申请规则主要内容包括:①申请者的条件。须持有新加坡3级或3A级机动车驾驶证(即手动挡或自动挡机动车驾驶证)两年或两年以上;通过政府犯罪记录背景调查;身体健康;须参加10h PDVL培训课程,学习有关网约车管理规定、服务规范及安全事项等内容;所有新加坡公民都能申请考取PDVL,新加坡籍申请者须是公司的业主或雇员,持合法工作准证的外籍人士则须是公司的雇员。②车辆要求。车辆必须为公司车辆,登记为营运性质的约租车;必须贴有不易破坏的合法标识,以方便市民识别合法约租车和执法部门的执法。③网约车驾驶员采取与专业出租汽车驾驶员相同的职业执照记分管理制度。2017年1月,新加坡推出了网约车和出租车职业执照记分制度(Chauffeured Private Hire Car and Taxi Vocational Licence Demerit Points System),对巡游车和网约车驾驶员实行统一的考核机制,市民满意度不断提升。

新加坡陆路交通管理局2017年3月宣布,从2018年7月1日起,所有提供网约车服务的驾驶员都必须持有"网约车驾驶员职业执照",该执照的申请从2017年3月13日起开放。2017年6月30日前提交申请的驾驶员,将有为期一年的通过上课考取PDVL的宽限期,在这期间仍可提供网约车服务;之后提交申请的驾驶员则必须先考取PDVL才能提供服务。此外,从2018年7月1日开始,网约车都须在前后风窗玻璃上贴上当局规定的防伪贴纸,利于执法人员辨认和取缔违法载客等行为。

六、印度

(一)监管的起因

1. Uber等网约车平台与监管机构间的博弈

Uber公司2013年9月进入印度市场。印度网约车市场竞争非常激烈,本土的Ola是市场领先者,占有50%以上的市场份额(包括其控制的另一家公司TaxiForSure);还有另一本土品牌Meru,再加上Uber,形成三家比较大的网约车平台。

2014年12月,德里交通部门认为,Uber未获得出租汽车电召许可,使用车辆大多为旅游类出租汽车许可,而非城市出租汽车许可,涉嫌非法营运城市出租汽车欺骗消费者,因此,向社会公开宣布,除了6家已获得许可的电召公司外,包括Ola、TaxiForSure等印度本土的"网约车"平台都属非法,全部被禁止在德里运营。同时,取消Uber的旅游出租汽车许可,Uber等被迫暂停了在德里的服务。但Uber声称,其所使用的车辆、驾驶员均已获得许可,其网约车平台从事的只是信息服务,不是出租汽车电召运营,不能适用出租汽车电召监管规则。一个半月后,Uber 等又以出租汽车电召平台的名义恢复了在德里的运营,而营运模式与此前并无二致。

德里政府为从源头上解决问题,根据《信息技术法 2000》《信息技术条例 2009》,于 2015 年 5 月 12 日致函通信企业,要求相关通信企业封杀 Uber、Ola、TaxiForSure 等平台企业有关信息接入。但通信企业则表示技术上难以实现阻止区域信息接入,德里政府封杀令并没有得以实施。在与监管机构的博弈中,Uber 向法庭提起诉讼,要求解除在德里的禁令。2015 年 7 月 8 日,法庭裁决德里政府可以进行严格规制,但不能简单禁止。法庭裁决事实上使得建立新的监管模式变得更加迫切。

2. 网约车监管争议焦点

在印度,Uber 等约车平台与传统出租汽车之间的冲突时有发生,如出租汽车驾驶员打砸网约车、网约车驾驶员抗议网约车平台公司承诺奖励和订单减少导致驾驶员借钱买车陷入窘境等。印度地方监管机构与 Uber 等约车平台的争议,主要集中在以下三方面:

(1) 服务性质。地方监管机构认为 Uber 等新型网约车平台仍可归于出租汽车电召平台,应按地方出租车电召平台管理办法予以监管。而 Uber 等约车平台则认为自己属于信息平台,应适用印度《信息技术法》。显然,地方出租汽车电召平台管理办法规定了有关车辆数、停车场、责任归属等,这些规定将极大增加约车平台的成本。

(2) 车辆许可类别。各方都认为车辆应为经过许可的营运车辆,但营运车辆类别的归属,意见并不一致。监管机构认为,只有城市的出租汽车才能以网约方式运营,而 Uber、Ola 等网约车平台将大量持有旅游类出租汽车许可的车辆接入平台。许可类别争议的主要原因在于,不同许可类别,许可费用不同。而且,根据 2006 年高院的判决,新德里城市出租汽车必须使用压缩天然气(Compressed Natural Gas,CNG)燃料,以缓解城市环保压力,而其他类别的出租汽车并无此要求。

(3) 价格形式。价格规制与营运车辆许可类别相关,城市出租汽车由政府规制,实行指导价,但旅游类出租汽车实行市场价。

(二) 监管规则

印度是一个联邦制国家,城市交通是地方事权,是否制定全国性的政策,颇有争议。但针对地方各邦政策不一、社会争议很大的现实情况,为促进和确保法律的遵守,保障使用网约车平台的乘客的安全,确保平台的操作流程和运营统一,2015 年 10 月 13 日,印度交通部发布了《印度按需运输信息技术整合经营者(出租汽车 4 + 1)的许可、规范和责任的公告》(简称《2015 年公告》)[Advisory for licensing, Compliance and Liability of On-demand Information Technology based Transportation Aggregator(Taxis4+1) operating within the jurisdiction of India],对 Uber、Ola 等网约车平台公司制定了全国性的监管政策,明确了这些公司的法律地位,作为各邦制定监管规则的参考依据。

1. Uber、Ola 等网约车平台公司的运营规范

在《2015 年公告》中,将 Uber、Ola 等公司称为"按需运输信息技术整合经营者"(简称"经营者"),印度所有此类经营者或者其子公司都必须取得对其具有管辖权的邦交通运输部门颁布的《1988 年机动车法案》(Motor Vehicles Act,1988)规定的经营许可;并且,在邦交通运输部门管辖范围内,经营者招揽生意、招募驾驶员和开展运营都必须遵守《2015 年公告》的规定。

根据《2015 年公告》,申请从事按需运输信息技术整合经营的,应当符合以下要求:①是根据印度法律登记的实体组织(registered entity)。②是一个用以招揽乘客和驾驶员进行对接的数据中介或市场,即只提供网络信息服务。驾驶员应当满足印度法律规定的必要的资质条件和驾驶合法有效的登记车辆,并且应当遵守《1988 年机动车法案》和《2000 年信息技术法案》(Information Technology Act,2000)及所有相关规定,包括中介指导规则。③不能拥有或租用任何机动车,不能雇佣任何驾驶员或者代表驾驶员本人进行出租汽车服务,除非申请人在法律许可的条件下登记为出租汽车经营者。

经营者应当公布出租汽车费用、在其平台或应用程序上注册的出租汽车和驾驶员、出租汽车车主和驾驶员的费用分担、乘客安全、乘客投诉处理机制等相关规则,并严格遵守。经营者应当具有可提供全天候 24h 服务的呼叫中心,并可以在机动车上印制标识。

2. 运营基础设施的运营要求

取得许可的经营者应当提供一个为客户服务的网页或者移动应用程序,建立乘客服务投诉中心,具有可供使用的投诉中心的电话号码和工作人员的电子邮箱。

取得许可的经营者应当在驾驶员使用运输信息整合平台运营之前,建立驾驶员培训计划。驾驶员培训计划应当包括驾驶员对机动车的熟悉程度、道路安全、《1961 年机动车运输工人法案》(Motor Transport Workers Act 1961)和两性平等等相关内容。

3. 机动车的要求

通过经营者的平台进行预定行程营运的机动车都应当符合下列条件:根据印度法律合法有效登记;持有合法有效的证书;持有第三者责任险;取得经营区域的经营许可;遵守商业车辆的安全规定(包括车辆跟踪系统)。

机动车应当配有符合印度相关法律和标准要求的安全设备,包括急救箱及监管部门规定的物品。机动车应当按照规定在指定位置配备紧急安全呼叫按钮。机动车应当符合排放标准并具有合法有效的污染控制证书。机动车在未对交通安全形成威胁或是干扰的情况下,可以张贴广告,并且应当严格遵守主管部门的指导规则。

经营者应当确保车辆安装了能够进行地理位置追踪、距离测量和时间计算的设备,用来准确地计算行程的距离和时间。该设备由机动车所有人(车主)提供,如果机动车在多个平台上都做了登记并且有效,那么,该追踪设备应当在不同的许可证持有人之间能够共同使用。道路和高速公路运输部门将对该定位及追踪设备的技术设定相关标准,并且通过设立的认证过程确保设备的准确性,确保不同区域和不同经营者都能够操作。平台应当安装可以给乘客提供电子账单或发票或其他以计量系统为基础的设备。

4. 驾驶员的工作条件和要求

驾驶员根据其意愿使用平台,不得禁止驾驶员本人或其机动车注册多个平台,除非机动车车主有相反选择。驾驶员使用经营者的平台提供服务时,不得请求或接受路边招车。经营者不得要求使用平台的驾驶员有最短行驶时间,但是应当设定适当的最长行驶时间以保障驾驶安全。

所有在平台注册的驾驶员都应当具有商业驾驶执照或者其他现行法律承认的可适用的执照。经营者应当确保所有在平台上注册的驾驶员都具有适当的驾驶执照。

取得许可的经营者在允许个人在平台上注册之前,应当获取该人的警方核查报告,同时对EPIC卡(身份证明)、纳税证明、居住地址证明及两个家庭成员的联系方式的相关证明文件的副本进行审查。此后一年审查一次。

在过去七年内因为饮酒或者吸食毒品后驾车被定罪的人,或是在任何时候因为实施了《1973年刑事诉讼程序法典》规定的犯罪,包括诈骗、性侵、使用机动车实施犯罪、财产损害犯罪、盗窃、暴力犯罪或实施恐怖行为而被定罪的人,都不能使用被许可人的平台注册为驾驶员。

任何在平台注册的驾驶员都应当具有一个印度储备银行(Reserve Bank of India,"RBI")的KYC账户。KYC是印度实施的一种制度,用以防止洗钱等金融犯罪。此外,驾驶员还应当具有良好的品性。

5. 经营许可证的存续以及更新

在未获得许可和未同意遵守《2015年公告》的相关条款的情况下,任何人不得在邦交通部管辖区域内给消费者提供按需运输整合信息技术平台。

许可证管理当局在对经营者的许可申请进行审查后,当事人同意遵守邦交通运输部门发布的《2015年公告》中的相关条款,才能签发许可证。

经营许可证的有效性依据被许可人对《2015年公告》的相关条款的遵守情况而定,有效期在3～5年之内。申请人在取得许可证后3～5年内,需要提交许可证更新的申请。

在收到经营许可证更新申请后,将对经营者执行《2015年公告》的每一条款的情况进行评估。许可证管理当局将依照收到的消费者对于被许可人的投诉,和被许可人处理这些投诉的能力,综合考虑是否同意其更新许可证。

6. 经营许可证持有人应当遵守的一般规定

经营许可证持有人应当提供在邦政府管辖的经营区域内的地址以及负责经营的办公室的详细信息,用于注册的服务流程。保持符合规定的驾驶员和车辆信息内容的准确和持续更新的记录,及所有在平台注册的驾驶员和车辆的情况,保证监管当局需要时能够获得。每季度向许可证管理机关提供经营区域内使用平台的驾驶员清单,内容包括驾驶员的姓名、驾驶执照号码、车辆登记号码和车辆底盘及发动机号等。确保网页或手机应用能够保证驾驶员使用平台进行合法经营。只有根据《2015年公告》被认定为是运输服务提供者的许可证持有人需要遵守上述规定。

7. 提升乘客安全性的要求

许可证持有人应当确保连接驾驶员和乘客的平台网页或手机应用程序能够向乘客清楚展示驾驶员和车辆(包括车牌号)的具体情况,并且保障乘客可以通过平台收到对车辆、驾驶员进行验证的其他细节。移动应用程序中应当包含一个让乘客能够将其位置坐标通过安全网络分享给至少两个人的功能,和让乘客能够在紧急情况下呼叫本区域警察的功能。在中央或邦政府需要时,能够将车辆的位置坐标、车辆和驾驶员的相关数据传输给中央或邦政府的数据网络。通过和警方确认,核实每个希望使用平台的驾驶员的犯罪背景情况。依据道路运输、高速公路和(或者)邦交通运输部门的相关数据信息,核实在平台注册登记的车辆的信息,每年一次。获取驾驶员本人的照片、机动车驾驶证、车牌号、家庭住址、印度储备银行的KYC账户信息、联系方式、经过核实的个人EPIC卡、税务卡、居住地址的相关证明、两个家庭成员的联系方式等信息记录并即时更新。获取随时更新的有关驾驶员的机动车注册登记证书、底盘或发动机的号码、印度现行法律规定的具体时段的第三者意外伤害的商业保险、相关适任证书、许可证或者其他文件,包括但不仅限于:一个全印度旅游许可证或者一个邦旅游许可证,依据具体情况而定;能够通过

GPS 实时定位系统进行车辆定位跟踪,促使车辆在按需运输技术平台上能够有效履行义务。许可证持有人必须确保网页或移动应用程序能够追踪并且可以和车辆上的 GPS 设备协同工作。涉及通过被许可的按需运输技术平台预订行程发生的犯罪事件,许可证持有人应当立即通知并依照有关部门的相关合法请求予以配合。

8. 零容忍政策

许可证持有人应当建立针对歧视或差别对待行为的零容忍政策。差别对待行为可能包括:拒载;对乘客直接使用不敬或骚扰的语言;基于性别、种族、社会地位、教义、宗教或者国籍对乘客进行评级。

如果乘客通过普通邮件或电邮的方式提出投诉,其中包含关于使用平台的本邦驾驶员违反零容忍政策的合理的指控,许可证持有人应当立即暂停涉事驾驶员的服务,并对此事进行调查。驾驶员不能以残障人士外表或无意识的冒犯、打扰行为、使驾驶员或其他人不便为原因,拒绝向单独出行的残障人士提供服务。

许可证持有人应当对网站上注册的所有驾驶员吸食毒品后驾车和酒后驾车的行为实施其在网站上公布的零容忍政策;在乘客基于合理怀疑对驾驶员违反吸食毒品后驾车和酒后驾车的零容忍政策行为进行投诉期间,应立即暂停该驾驶员使用平台服务,并在调查期间一直暂停服务。

9. 许可证事项变更

未书面通知许可证颁发机关,许可证持有人不得变更邦内主要营业机构所在地。如果许可证持有人所有权或者管理发生变化,平台应当通知许可证颁发机关。

10. 费率

根据《机动车法案》,应当为出租汽车服务提供公平的竞争环境,因此,邦政府或当局应当根据所在区域情况设定收费金额的上限。

11. 透明度

平台应当具有给乘客传输行程的距离和时间(以设备计量数据为基础)的功能,并且能够将电子收据发送到乘客的电子邮箱或者移动手机或者移动应用程序上,或者能够以计算机打印的形式提供收据。收据应当记载行程的始发地和目的地、支付费用的总金额及记载有能够代表签发收据的任何个人的姓名或实体组织的名称。

乘客可以通过网页或移动应用程序,或是通过客户服务电话号码和电子邮件地址,投诉对行程的不满和在行程中遇到的问题。

许可证持有人可以数字形式提供邦交通运输部或者计量部门制定的任何可适用的

计划或者规则或者符合许可条件的所有功能的电子格式。

12. 许可证管理当局暂停或撤销许可的权力

邦交通运输部门在给予许可证持有人听证的机会后，认为许可证持有人的行为违反了邦交通运输部门发布的和《2015年公告》一致内容的公告或是许可证上的相关条款的规定，并且如果许可证持有人在收到未遵守规定的书面通知后的60日内未进行相关整改，邦交通运输部门可以暂停其营业或是吊销其许可证。如果许可证持有人在一个邦以上的区域内进行经营，相关邦交通运输部门应当将每次暂停或者吊销许可证的事项通知道路运输和高速公路管理部门，该管理部门应当将此事立即通知其他邦。在吊销许可证之日起六个月后，在邦交通运输主管部门认为合适的情况下，允许被吊销的许可证持有人向邦交通运输管理部门申请新的执照。

如果注册登记被暂停或撤销，注册登记的持有人应当交回许可证书。

CHAPTER THREE 第三章

我国网络预约出租汽车的产生与发展

第一节　传统出租汽车的产生与发展

一、发展历程

1903年,我国传统出租汽车最早在哈尔滨出现,当时数量还不足10辆。1908年,美国高环供应公司百货商场创办了中国最早的出租汽车公司,上海街头出现了10余辆卡迪莱克。1913年,法国人开设了飞燕马汽车行,北京也出现了出租汽车。随后,武汉、广州、重庆等地也都在20世纪初有了出租汽车。20世纪80年代,随着我国改革开放进程加快,外国公司和机构不断涌入,出租汽车行业逐渐从沿海城市兴起,出租汽车行业的发展大致经历了以下四个阶段。

1. 起步发展阶段(20世纪80—90年代初期)

20世纪80年代,出租汽车行业从沿海开放城市逐渐兴起,主要集中在北京、广州、上海三个城市。1985年1月由国务院特区办公室、对外经贸部、财政部、国家经济委员会、海关总署五部委发布的《关于限制举办经营出租汽车的中外合资、合作企业的请示》成为我国最早对出租汽车行业进行管理的规范性文件。之后,北京、上海等城市都出台了地方性法规。1988年6月,国家旅游局、公安部、建设部联合颁布《城市出租汽车管理暂行办法》,首次明确由公共交通部门主管出租汽车行业,并对出租汽车的开业、停业等做了规定。

2. 快速发展阶段(20世纪90年代中期)

20世纪90年代中期,为了满足日益增长的出行需求,许多城市出台一系列鼓励出租汽车发展的优惠政策,出租汽车行业进入了快速发展阶段。此时,政府只对价格、里程、防止驾驶员欺诈等方面进行规制,但无数量限制,无准入要求。1993年,全国出租汽车数量发展到16万辆,是1980年的20多倍。

3. 规范发展阶段(20世纪90年代后期至2008年大部门体制改革前)

从20世纪90年代中期开始,出租汽车行业迅猛发展,出租汽车数量急剧膨胀,导致市场竞争加剧,引发驾驶员收入下降、交通拥堵等问题,北京、厦门、福州、武汉、深圳等城市尤为突出。1997年12月,公安部和建设部联合发布《城市出租汽车管理办法》,这是我国第一部对出租汽车行业进行管理的部门规章。1999年,国务院办公厅下发《国务院办公厅转发建设部、交通部等部门关于清理整顿城市出租汽车等公共客运交通意见的通知》（国办发〔1999〕94号），开始清理整顿城市出租汽车非法营运、乱收费、经营权私下转让等突出问题。2004年，国务院办公厅发布《关于进一步规范出租汽车行业管理有关问题的通知》（国办发〔2004〕81号），明确提出各地严禁盲目投入运力，一律不准新出台经营权有偿使用政策。同年，国务院发布《对确需保留的行政审批项目设定行政许可的决定》（国务院令第412号），其中第112项设置了出租汽车经营资格证、车辆运营证和驾驶员客运资格证核发三项行政许可。建设部下发的《关于纳入国务院决定的十五项行政许可条件的规定》，进一步明确了驾驶员客运资格证、出租汽车经营资格证和车辆运营证核发条件。随着这些规定的出台，出租汽车行业得到进一步规范，促进了出租汽车行业的健康发展。

4. 理顺体制阶段（2008年大部门体制改革后至今）

2008年大部门体制改革后，国务院原建设行政主管部门负责的全国城市出租汽车管理工作，明确交由交通运输主管部门承担，由地方人民政府承担出租汽车管理主体责任。2008年12月，国务院办公厅下发《关于进一步加强管理促进出租汽车行业健康发展的通知》（国办发〔2008〕125号），明确了出租汽车省、市长负责制。之后，各城市逐步明确由交通部门负责出租汽车行业管理。到2009年，管理体制基本理顺，大部分城市明确由交通运输部门负责出租汽车行业管理工作，极少数中小城市仍由住建部门负责。

在很多城市里，出租汽车已经成了一种必不可少的出行方式，出租汽车在城市居民出行方式里的占比有了很大幅度的提高。

二、行业管理

1. 建立健全政策法规制度

当前，我国尚未制定出租汽车行业的法律、行政法规。2004年，《中华人民共和国行政许可法》颁布之后，与之配套的《国务院对确需保留的行政审批项目设定行政许可的决定》（国务院令第412号）中第112项设立了出租汽车经营资格、车辆运营资格和驾驶员客运资格三项许可。2008年大部门体制改革后，交通运输主管部门先后制定出台《出租汽车服务质量信誉考核办法（试行）》（2011年）、《出租汽车驾驶员从业资格管理规定》（交通运输部令2011年第13号）、《出租汽车运营服务规范》（GB/T 22485—2013）、《出租汽车经营服务管理规定》（交通运输部令2014年第16号）。此外，2012年起会同人力资源社会保障部、全国总工会开展出租汽车行业和谐劳动关系创建，努力保障出租汽车驾驶员合法权益。《出租汽车经营服务管理规定》的颁布实施，建立了出租汽车行业管理的基本制度,明确了行业定位和发展方向,为行业规范管理、文明服务奠定了基础。部分省(区、市)也结合地方实际,逐步加快出租汽车行业的立法进程,通过修订省(区、市)道路运输条例,将出租汽车纳入调整范围、专门出台出租汽车地方性法规和政府规章等形式,对出租汽车经营许可、运营服务、市场监管、权益保障等内容做了相应规定。

2. 实行运力规模总量调控

各地城市人民政府均建立了出租汽车运力管控制度。根据出租汽车发展阶段、城市人口数量、经济发展水平、城市交通客运量、公共交通分担率等因素,综合考虑出租汽车出行需求,对出租汽车数量实施总量调控,合理确定出租汽车运力投放总量,并根据相关因素的变化情况,对出租汽车总量实行动态调整。

3. 明确经营权管理方向

出租汽车经营权管理作为政府调控的重要手段,是出租汽车行业管理的核心。出租汽车经营权是在出租汽车经营者和出租汽车车辆配置符合法律法规和标准规范的前提下,出租汽车主管部门授予出租汽车经营者进入市场,允许其在一定期限内从事出租汽车经营的权利许可证明,代表着经营者具备从事出租汽车经营的资格。出租汽车经营权的实物载体是出租汽车营运牌照,实践中常常将两者等同视之。出租汽车经营权的使用费用、使用期限、配置方式以及能否允许转让等,不仅关系到出租汽车经营者的切实利益,也直接影响着政府的调控效果。

在《出租汽车经营服务管理规定》出台前,国家对出租汽车经营权的期限和到期处置无明确规定。有的地方规定了出租汽车经营权的期限,大多为4~8年,也有的没有规定出租汽车经营权期限。同样,经营权到期后的处置,绝大多数的地方是由经营者向政府提出延续经营申请,政府依据经营者的服务质量信誉考核结果作出是否同意延续经营的决定;少部分地方则采取由政府收回经营权重新配置。《出租汽车经营服务管理规定》明确规定出租汽车经营权应设定期限,期限由设区的市级或者县级政府根据投入车辆的车型和报废周期等因素确定。此后各地均根据上述规定,调整了经营权管理的期限政策。

我国出租汽车经营权从产生之日起,就采取无偿使用,北京、上海等城市一直沿用至今。改革开放后,我国部分地区探索市场化的运作方式,对出租汽车经营权实行有偿使用,也带来了诸多问题,出租汽车经营权有偿出让不规范、出让金额过高成为增加出租汽车企业和驾驶员负担的重要因素。《国务院办公厅关于进一步规范出租汽车行业管理有关问题的通知》(国办发〔2004〕81号)明确提出:所有城市一律不得新出台出租汽车经营权有偿出让政策。已经实行出租汽车经营权有偿出让的,可召开听证会,在充分听取有关专家、从业人员和乘客等社会各方面意见的基础上,对经营权出让数量、金额、期限、审批程序、出让金用途以及经营权转让、质押、权属关系等进行全面清理和规范。在2016年国家深化出租汽车行业改革政策出台之前,全国实行出租汽车经营权无偿使用的城市占40%以上,实行有偿使用城市占50%以上。

由于我国各地城市规模、发展水平、政府重视程度不同,出租汽车公司发展的起点、路径各异,因而各地在经营权配置方式上的做法也不尽相同,在2016年国家深化出租汽车行业改革政策出台之前,主要有行政审批、公开拍卖和服务质量招投标三种方式,其中,服务质量招投标方式逐渐成为出租汽车经营权配置的主流方式。出租汽车主管部门通过确定一套综合考评体系,对出租汽车企业在一定期限内的企业资质、管理水平、经营行为、安全生产、服务质量、社会评价等情况进行综合测评,择优发放出租汽车经营权。这种方式大多是有期限的,既有有偿出让的也有无偿出让的。除极少数城市采取公开拍卖的形式外,大多数拟新投放运力的城市都在尝试采取服务质量招标的形式。

1997年,建设部和公安部发布的《城市出租汽车管理办法》规定,城市的出租汽车经营权可以实行有偿出让和转让。实行出租汽车经营权有偿出让和转让的城市,由市人民政府按照国家有关规定制定有偿出让和转让的办法。据此规定,部分地方的出租汽车经营权开始实施转让。2004年《中华人民共和国行政许可法》规定,"依法取得的行政许可,除法律、法规规定依照法定条件和程序可以转让的外,不得转让。"目前国家没有制定出租汽车经营权转让的法律、行政法规,在地方性法规也没有规定的情况下,意味着出租汽车经营权不允许转让。但由于历史的原因,私下转让经营权的现象依然存在。

4. 实行运价规制

大多数地方将出租汽车价格归属为《中华人民共和国价格法》规定的"重要的公用事业价格",对出租汽车运价实行政府定价或政府指导价,具体价格水平由市、县人民政府制定。出租汽车运价主要包括起步价、里程租价、返空费、夜间附加费、低速等候费、燃油附加费等项目。同时,随着出租汽车行业服务需求和外部环境各要素不断变化,出租汽车运价结构也不断优化和完善,陆续有新的项目参与进来,如电召服务费补充进入了出租汽车运价体系。各地还针对出租汽车经营成本的变化,实施出租汽车运价的动态调整。根据《中华人民共和国价格法》的规定,各地在调整出租汽车运价前,都会召开专门的价格听证会,征求各方意见并建立运价与燃料价格的联动机制。国家还对出租汽车实施临时燃油补贴政策,以缓解燃料价格上涨对出租汽车行业的影响。

5. 多种经营模式并存

总体上讲，依据经营权归属、车辆投资主体等不同，我国传统出租汽车行业的经营模式可细分为公司化经营、个体经营和挂靠经营。

公司化经营是指经营权与车辆产权归公司，公司组织经营管理，对外使用统一的公司名称和服务标识，公司与驾驶员签订劳动合同和经营合同，并为驾驶员按时缴纳社会保险。在实际中，公司化经营又分为公车公营和公车承包经营两种形式。公车公营即出租汽车企业与驾驶员签订劳动合同，为驾驶员购买社会保险和发放基本工资和绩效工资，驾驶员将每天的营收上交公司，公司承担经营风险，目前采用这个模式的企业数量较少。公车承包经营即驾驶员与企业签订承包经营协议，驾驶员每月需向公司缴纳一定数量的承包费用（俗称"份子钱"），承担经营风险。公车承包经营是目前公司化经营的主要模式。

个体经营是指经营权和车辆产权均为个体经营者所有。经营模式分两种：一是个体车主自己开车，并根据经营需要雇佣 1~2 名驾驶员；二是个体车主自己不开车，将车承包给驾驶员经营。实践中，各地车主自己开车的比例逐年下降，车主将车辆承包给驾驶员经营的模式成为个体经营的主要模式。

挂靠经营分两种：一种是经营权属于公司，车辆产权归个人拥有，车主与有经营资质的出租汽车公司签订合同，每月向公司缴纳经营权使用费和数额固定的挂靠管理费；另一种是经营权和车辆产权都属个人拥有，个体车主与有资质的出租汽车公司签订合同，每月向公司缴纳数额固定的挂靠管理费。以上两种模式中，公司都提供代办保险、代理审验、交纳税费等服务，并对驾驶员和出租汽车实施一定的管理。随着各地要求出租汽车经营权和车辆产权统一，第一种模式的挂靠经营逐步在向公司化经营转变，第二种模式的挂靠经营将继续存在。

6. 运营服务方式多样

我国传统出租汽车提供服务的方式主要有三种：一是巡游服务，即出租汽车驾驶员在城市道路上巡游，候车乘客扬手示意，则停车载客；二是站点服务，即出租汽车在政府有关部门规定的机场、火车站、汽车客运站、港口、公共交通枢纽等候车站点按照先来后到排队接送乘客；三是预约服务，即出租汽车根据乘客电话、电信或网络预约，前往预约地点接送乘客。预约服务进一步可细分为电召服务和预约出租汽车服务，电召服务是指从事传统巡游服务或站点服务的车辆提供的预约服务，预约出租汽车服务则是指仅允许传统出租汽车通过预约方式提供服务，不允许车辆通过巡游或站点候客方式运营。后来发展起来的网约车是预约出租汽车服务的一种。在网约车没有发展起来之前,我国绝大多数出租汽车的运营服务方式为巡游服务。为提高交易效率,有效整合出租汽车的供需信息,部分地方、部分企业建立了电召服务系统,通过电话、手机软件、网络等方式开展叫车服务,实现了供需双方的信息交换,提高了出租汽车的服务效率。另外,部分地方探索发展预约出租汽车,适当兼顾巡游和站点服务方式,在此基础上不断扩大预约服务所占比重。

7. 初步建立劳动保障

由于我国传统出租汽车行业普遍存在承包经营、挂靠经营等模式,企业、承包经营者和驾驶员之间利益关系较为复杂,引发了诸多劳动关系问题,并使一些矛盾凸显,成为社会关注的焦点。实施员工制管理的出租汽车企业和部分公车承包经营的企业,与驾驶员签订了劳动合同,明确双方的权利义务,维护双方的合法权益,并为驾驶员缴纳社会保险,解决驾驶员的后顾之忧。而绝大多数承包个体车辆的驾驶员,与经营者只是签订承包经营合同,没有签订雇佣合同。基于出租汽车行业劳动关系的现状,2012年起,交通运输部、人力资源和社会保障部、全国总工会在出租汽车行业开展和谐劳动关系创建活动,分步骤、分阶段积极推进出租汽车公司化经营、员工制管理,提高劳动合同签订率,切实保障出租汽车驾驶员的合法权益,促进出租汽车行业健康发展。

第二节　网络预约出租汽车的产生与发展

一、发展历程

网约车肇始于手机打车软件。手机打车软件的出现始于2009年,全球首个网约车平台,即Uber在美国旧金山成立,推出了"UberCab"约车服务。国内最早的模仿者——易到用车于2010年9月成立,通过与租车公司合作及自有车辆,最早提供智能手机App约车服务,我国首款打车软件"易到用车"在北京上线运营,主要用于商务出行。

2011—2013年,以研发打车软件为主的国内创业公司不断涌现,打车软件相继面世,在国内掀起了一波手机打车浪潮。由于法律规范的空白,随着国家"互联网+"和鼓励创新的政策出台,相对宽松的政策刺激了互联网打车的快速发展。

网约车产生之初,在市场上主要表现为"专车"运营模式,即利用网络平台的打车软件整合顾客、驾驶员、汽车租赁公司三方信息。当顾客发出用车请求后,网络平台快速合理整合资源,从汽车租赁公司租赁车辆,从第三方劳务派遣公司雇佣驾驶员,组成"专车"为客户服务,驾驶员与车辆租赁公司和打车软件平台公司同时签订协议。"专车"实质上提供的是出租汽车服务。

2016年7月,《国务院办公厅关于深化改革推进出租汽车行业健康发展的指导意见》(国办发〔2016〕58号)、《网络预约出租汽车经营服务管理暂行办法》(交通运输部　工业和信息化部　公安部　商务部　工商总局　质检总局　国家网信办令2016年第60号)正式发布,将互联网打车界定为网约车,纳入出租汽车管理范畴,并制定了管理办法,标志着我国网约车管理有了政策法规依据,也开启了网约车规范化发展的进程。此后,国家相继出台了一系列网约车管理的政策,修订了相应的出租汽车管理部门规章,地方上也出台了相应的地方性法规、政府规章和规范性文件,网约车逐步走上了规范化发展的轨道。

此后,交通运输部会同相关部门共同印发了一些配套措施,指导督促各个地方进一步深化出租汽车行业改革,加强网约车行业安全管理,强化多部门事中事后联合监管,特别是加强网约车合规化进程。2018年,建立由交通运输部牵头的交通运输新业态协同监管部际联席会议制度。当前,全国各地网约车监管也不断加强,一些不合规的车辆和驾驶员将逐渐被清退出去,网约车市场将在后新型冠状病毒感染疫情时代逐步进入合规化的经营空间。

据全国网约车监管信息交互平台统计,截至2022年12月31日,全国共有298家网约车平台公司取得网约车平台经营许可;各地共发放网络预约出租汽车驾驶员证509万本、车辆运输证211.8万本。全国网约车监管信息交互平台12月共收到订单信息5.04亿单。

二、网约车对出租汽车行业产生的影响

网约车对出租汽车行业产生的影响主要表现为如下方面。

1. 改变了传统出租汽车市场准入机制

前文已述及,一直以来,我国传统出租汽车行业实施经营权管理制度,运力规模实施总量管控,牌照发放制度就是其外在表现。网约车的出现打破了原有的出租汽车牌照发放的规则,改变了原有的出租汽车行业准入机制。

2. 改变了传统出租汽车运价机制

传统出租汽车行业多年来一直遵循"政府定价为主,市场调节为辅"的定价原则。出租汽车是政府规制行业,政府在优先发展城市公共交通的总体政策下,按照适度发展

原则确定出租汽车运价。企业根据市场情况,结合自身品牌建设的需要,在合理的幅度内适当调整运价。企业调价应当经过政府审查备案,并在一定的时间内不得变动。网约车则是根据市场供需情况制定价格,直接将价格市场竞争机制引入传统出租汽车行业。

3. 改变了传统出租汽车驾驶员职业界限

网约车驾驶员有专职、兼职两种,网约车平台公司对驾驶员的管理比较弱。传统出租汽车驾驶员则是专职驾驶员,除了少数个体经营者外,大部分受到出租汽车公司管理。

CHAPTER FOUR 第四章

深化出租汽车行业改革的政策

2016年7月26日,《国务院办公厅关于深化改革推进出租汽车行业健康发展的指导意见》(国办发〔2016〕58号,简称《指导意见》)印发。2016年7月27日,《网络预约出租汽车经营服务管理暂行办法》(交通运输部　工业和信息化部　公安部　商务部　工商总局　质检总局　国家网信办令2016年第60号,2019年12月28日第一次修正,2022年11月30日第二次修正,简称《管理办法》)印发。上述两个文件的出台,标志着国家深化出租汽车行业改革进入新阶段。

第一节　政策出台背景和过程

改革开放以来,我国出租汽车行业快速发展,在解决群众出行方面发挥了重要作用,成为城市的一张"名片"。截至2015年底,全国共有出租汽车约139万辆,经营企业约8500户,个体经营业户约13万户,从业人员260多万人,年客运量约400亿人次。但随着时间推移,不少城市也出现"打车难"、行业服务质量不高,人民群众多层次出行需求得不到有效满足等问题。特别是2014年7月以来,网约车新业态的迅速发展,在提高出行效率、便捷群众出行的同时,也出现了新旧矛盾交织、利益关系碰撞、不公平竞争等问题,主要表现为传统出租汽车行业定位失准、经营权管理和利益分配机制不完善、服务质量有待提高;网约车服务主体责任不明确、车辆和驾驶员审核把关不严、信息安全风险隐患突出等。这些问题都需要通过深化出租汽车行业改革予以解决。

一、出台背景

1. 传统出租汽车(巡游车)存在历史积弊

传统出租汽车(巡游车)存在的问题主要表现在四个方面:

一是行业定位不明晰。由于各地社会经济发展水平、行业现实状况等千差万别,出租汽车行业定位、发展规划、经营模式、规模管控等焦点问题长期存在争议,观点多元化。对于解决出租汽车行业存在问题的办法和措施,各地也难以达成共识。

二是经营权管理和利益分配机制不完善。一直以来,经营权与车辆产权不明确和归属争议的问题还没有完全得到解决;部分城市经营权私下转让和二级市场交易现象仍然比较严重,交易价格达几十万元甚至上百万元,导致存量经营权无期限转为有期限或者是有期限的在使用期满后由政府收回阻力重重,而以服务质量考核结果作为主要退出依据的退出机制也难以真正落实到位;部分城市新增运力投入不足,市场供需矛盾十分突出;企业市场经营和管理的责任缺失,各方对承包费标准的争议还比较大,利益分配机制还不够合理。

三是服务质量提升动力不足。传统出租汽车的运营服务还不能完全满足乘客个性化、差异性出行需求;《出租汽车驾驶员从业资格管理规定》和行业服务质量考核制度尚未完全落实到位,出租汽车驾驶员岗位准入门槛低,对于职业的认同感较低,提升服务质量的动力不足。

四是价格调整机制不健全。传统出租汽车的运价实行的是政府定价,地方上通常将出租汽车运价作为居民消费价格指数的统计指标,有些地方的物价部门主观上不愿意调整运价,而油价、驾驶员的经营和生活成本却不断显著上升,运价水平整体偏低、运价结构不合理等问题日益突出。此外,除了传统的汽油车型,清洁能源和新能源车辆的数量逐步增加,但有些地方还保留原有的运价与油价联动机制不变,缺乏统筹考虑清洁燃料价格、电价等因素,价格联动机制还不健全。

2. 新业态(网约车)产生新问题

从新业态(网约车)方面来讲,主要存在三个方面的问题:

一是主体责任不明确。"滴滴专车""一号专车"等新型服务模式中各方参与者的法律关系不明确,网络约车平台的责任和义务不明确,消费者的合法权益缺乏保障。

二是车辆和驾驶员审核把关不严。网络约车平台为了抢占市场,增加流量,对在其平台上注册的车辆和驾驶员没有统一标准,没有资质要求。

三是信息安全风险隐患突出。在从事服务的过程中,网络约车平台对采集到的乘客、驾驶员、行程轨迹等个人信息如何保存、使用没有统一规范,存在信息泄露的风险。

3. 我国全面深化改革的新形势提出新要求

党的十八届三中全会开启了我国全面深化改革的时代。《中共中央关于全面深化改革若干重大问题的决定》指出:当前,我国发展进入新阶段,改革进入攻坚期和深水区。必须以强烈的历史使命感,最大限度集中全党全社会智慧,最大限度调动一切积极因素,敢于啃硬骨头,敢于涉险滩,以更大决心冲破思想观念的束缚、突破利益固化的藩篱,推动中国特色社会主义制度自我完善和发展。经济体制改革是全面深化改革的重点,其核心问题是如何处理好政府和市场的关系,使市场在资源配置中起决定性作用和更好地发挥政府作用。

另外,中国经济进入新常态时期,并呈现出与周期性调整不一样的新现象和新规律。能不能适应新常态、有效应对各种挑战,关键在于在"稳"的同时主动求"进",关键在于深化改革开放和调整结构的力度。

我国出租汽车行业在发展中出现的一些问题,必须按照党的十八届三中全会的精神要求,深化出租汽车行业改革,适应我国全面深化改革的新形势。

4. 深化出租汽车行业改革的基础夯实

2008年大部制改革以来,理顺了出租汽车行业的管理体制,逐步建立了全国性的出租汽车政策法规体系,建立了出租汽车行业管理的基本制度,明确了行业功能定位和发展方向。社会各界对出租汽车的定位、发展模式、运力投放、经营权管理、运价管理、运营服务方式等涉及出租汽车改革的关键问题基本形成共识,出租汽车改革的方向基本明确,为深化出租汽车行业改革夯实了基础。

随着智能手机的普及和移动互联网的飞速发展,各种智能应用深刻改变了人们生活。"滴滴打车""快的打车"等手机召车软件,通过移动互联网以技术手段实现了出租汽车需求与供给信息的匹配,逐渐改变了人们的出行习惯,要求传统的出租汽车服务方式进行改变。到2015年,网约车发展已历时三年,存在的问题已经充分暴露,产生的新老业态冲突也带来了行业改革机遇。地方政府也急切等待国家层面的改革方向和顶层设计。因此,需要借着全面深化改革的东风,利用"专车"服务倒逼传统出租汽车行业改革,可以说,深化出租汽车行业改革的时机已经成熟。

二、政策出台过程

从2015年1月交通运输部专门成立了深化出租汽车改革专项研究工作组,到2016年7月28日上述两个文件正式公开发布,历时20个月。其间,对国内21个不同类型城市进行了实地调研,系统研究了德国、法国、西班牙、日本、韩国、印度、纽约、伦敦等国家和城市出租汽车法律法规和管理政策,特别是网约车管理的国际经验,召开了专家、企业、从业人员和乘客、地方人民政府和行业管理、国家部委等百余次不同范围、不同层次的座谈会、论证会和咨询会,进行了深入研究和论证。

《指导意见》和《管理办法》在2015年10月10日—11月9日公开征求意见期间,交通运输部通过网站、电子邮件、信函、电话、座谈会等多种渠道征求意见,共征集到5008件6832条意见建议。交通运输部听取了各主要"专车"平台的意见,并召开了多场专家座谈会;书面征求了地方人民政府和交通运输主管部门意见。各省(区、市)交通运输主管部门和部分城市人民政府通过座谈会等形式听取并反馈了当地各有关方面意见。部分高校、学术研究机构、咨询机构、中介机构、媒体等也组织召开了不同形式的座谈会,并提交了相关意见和建议。提出意见的有广大乘客和消费者代表、出租汽车和"专车"驾驶员、传统出租汽车企业、个体经营者和"专车"平台企业、政府及行业主管部门、相关研究机构、专家学者、媒体评论员等各方面群体。

各方意见和建议主要集中在十二个方面：一是出租汽车定位与方便群众出行的问题；二是网约车平台是否应纳入管理及管理方式问题；三是出租汽车新老业态是否应当实行数量调控问题；四是巡游车经营权管理改革问题；五是网约车车辆条件及准入方式问题；六是网约车驾驶员条件及准入方式问题；七是出租汽车价格机制及燃油补贴政策问题；八是规范网约车经营行为问题；九是驾驶员权益保障问题；十是加强打击非法运营问题；十一是私人小客车合乘与规范发展问题；十二是网约车计程计价设备、标识、现有存量过渡等其他问题。在对各利益相关方意见建议进行先认真研究和分析的基础上，对《指导意见》和《管理办法》征求意见稿作了相应修改完善。

正式出台的《指导意见》坚持问题导向，改革基本思路和框架清晰，体现了中央和地方事权的统分结合。《管理办法》在互联网时代复杂多变环境中，积极探索网约车服务的新型监管模式，展现了交通运输部门对于高度敏感复杂事务的处理能力和决策智慧。

第二节 《国务院办公厅关于深化改革推进出租汽车行业健康发展的指导意见》的主要内容

一、改革的指导思想

此次深化出租汽车行业改革，是在有关法律法规框架下，通过增量带动存量，在优先发展公共交通、适度发展出租汽车的前提下，以出租汽车新业态撬动传统行业体制机制改革，倒逼传统业态转型升级、提升服务，解决政府与企业、企业与驾驶员、运力供给与需求之间的突出矛盾；鼓励并规范网约车发展，通过新业态增量扩大高端服务供给能力，对网约车平台公司、车辆和驾驶员依法实施许可管理，管住底线，鼓励创新，为乘客提供高品质、多样化服务；对新老业态实行分类管理，逐步实现融合发展，构建起既相互独立又相互补充的新型市场体系。通过改革，合理增加巡游车及网约车市场供给，切实解决城市"打车难"问题；优化供给结构，满足老百姓高品质、多样化、差异性出行需求；推动传统行业转型升级，改善出租汽车服务效率和服务质量；规范网约车发展，明确各方权责，守住安全底线,切实保障老百姓出行安全;对出租汽车作出合理定位,改善城市交通秩序,让广大老百姓出行更加便捷畅通。

《指导意见》明确,深化出租汽车行业改革的指导思想是:深入贯彻党的十八大及十八届二中、三中、四中、五中全会精神和习近平总书记系列重要讲话精神,落实党中央、国务院决策部署,按照"五位一体"总体布局和"四个全面"战略布局,牢固树立和贯彻落实创新、协调、绿色、开放、共享的新发展理念,充分发挥市场机制作用和政府引导作用,坚持优先发展公共交通、适度发展出租汽车的基本思路,推进出租汽车行业结构改革,切实提升服务水平和监管能力,努力构建多样化、差异性出行服务体系,促进出租汽车行业持续健康发展,更好地满足人民群众出行需求。同时,《指导意见》中提出,要"坚持乘客为本,坚持改革创新,坚持统筹兼顾,坚持依法规范,坚持属地管理"。

二、科学定位出租汽车服务

出租汽车定位是制定行业发展政策的基本出发点,也是深化出租汽车行业改革首先要明确的问题。由于城市道路交通资源和环境容量有限,随着社会经济水平的快速发展和城市人口的不断增加,城市交通建设和发展受到越来越大的约束和限制。因此,出租汽车的行业定位要放在城市综合交通体系中考量,厘清与城市公共交通之间的关系。公共交通具有运量大、集约高效、节能环保等优点,是满足城市公众基本出行需求的主要方式,属于基本公共服务范畴。2012年,国务院印发《关于城市优先发展公共交通的指导意见》(国发〔2012〕64号),明确指出各地应当采取措施,优先发展公共交通。随着社会经济的发展,城市交通需求也更加多样化,出租汽车具有方便、舒适、灵活、全天候及"门到门"等特点,提供中高端、个性化的出行服务,作为城市公共交通的有益补充,同样不可或缺。但由于出租汽车占用道路资源多、运输效率低、环境影响大等,属于便捷而不集约的一种运输方式。在城市综合交通运输体系中,应当根据城市公共交通和出租汽车的不同发展定位,由城市公交、轨道交通等大容量交通方式发挥主导作用,出租汽车只能作为其补充,适度发展。

《指导意见》明确,出租汽车是城市综合交通运输体系的组成部分,是城市公共交通的补充,为社会公众提供个性化运输服务。出租汽车服务主要包括巡游、网络预约等方式。城市人民政府要优先发展公共交通,适度发展出租汽车,优化城市交通结构。要统筹发展巡游车和网约车,实行错位发展和差异化经营,为社会公众提供品质化、多样化的运输服务。要根据大中小城市特点、社会公众多样化出行需求和出租汽车发展定位,综合考虑人口数量、经济发展水平、城市交通拥堵状况、出租汽车里程利用率等因素,合理把握出租汽车运力规模及在城市综合交通运输体系中的分担比例,建立动态监测和调整机制,逐步实现市场调节。新增和更新出租汽车,优先使用新能源汽车。

由于各地城市道路交通状况、公共交通发达程度、小汽车保有量、环境容量等情况不一,城市交通政策也应有所区别,出租汽车在城市综合交通运输体系中所承担的角色也不完全一样。因此,应当根据城市规模和发展阶段,科学设计公共交通与出租汽车在城市综合交通体系中的分担比例,适应城市发展实际,满足人民群众的出行需要。城市人民政府应因地制宜,合理确定出租汽车供给数量。大城市人口众多,要靠大力发展公共交通才能减少道路拥堵和环境污染,提高道路使用效率,应当对出租汽车发展的速度或数量规模作一定形式的管理。部分中小城市公共交通不够发达,则可以对出租汽车采取相对灵活的运力管理方式。

三、深化巡游出租汽车改革

1. 改革经营权管理制度

经营权管理是传统出租汽车行业矛盾的焦点和难点。从行政法学上讲,行政许可本身具有附期限性,出租汽车经营权通过行政许可取得,自然具有期限性特征。出租汽车经营权有效期届满之后可以续期或由政府收回重新配置,实现资源的优化配置,可以促进政府完善退出机制,体现"优胜劣汰",不断提升行业服务水平;还可以抑制非法炒卖、哄抬经营权价格,降低企业经营成本。我国出租汽车经营权实行有偿使用是在探索出租汽车经营权的市场化运作中产生的,但因此也带来了诸多问题,比如,市场过度炒作、私下交易和转让、经营权使用费高、增加驾驶员和乘客负担、新增运力存在障碍、供需失衡等,而且无法与新兴业态公平参与市场竞争。

《指导意见》指出,新增出租汽车经营权一律实行期限制,不得再实行无期限制,具体期限由城市人民政府根据本地实际情况确定。新增出租汽车经营权全部实行无偿使用,并不得变更经营主体。既有的出租汽车经营权,在期限内需要变更经营主体的,依照法律法规规定的条件和程序办理变更手续,不得炒卖和擅自转让。对于现有的出租汽车经营权未明确具体经营期限或已实行经营权有偿使用的,城市人民政府要综合考虑各方面因素,科学制定过渡方案,合理确定经营期限,逐步取消有偿使用费。建立完善以服务质量信誉为导向的经营权配置和管理制度,对经营权期限届满或经营过程中出现重大服务质量问题、重大安全生产责任事故、严重违法经营行为、服务质量信誉考核不合格等情形的,按有关规定收回经营权。

国家政策给予了各地改革的空间和时间,对于现有出租汽车经营权已实行有偿使用的和未明确具体经营期限的,由地方政府充分发挥自主权和创造性,对历史遗留问题审慎处理。考虑市场公平等各方面因素,制定科学的过渡方案。地方政府可采取政府回购、经济补偿、经营权转换等各种方式,综合运用经济、法律、行政手段,充分协商依法确定经营期限,稳妥实施,实现平稳过渡,促进新老业态融合发展。

2. 健全利益分配制度

承包费,又称为"经营承包费或劳动定额",就是通常所说的"份子钱",是指在承包经营模式下,承包人向企业缴纳的有关费用。对于承包费,各地标准和项目规定不一,大致都包括车辆折旧、保险和维护费,驾驶员工资,企业管理成本及税金、利润,部分城市经营权有偿使用费还占据相当大的比例。2004年,国务院办公厅印发了《关于进一步规范出租汽车行业管理有关问题的通知》(国办发〔2004〕81号),明确"各地要根据实际情况制定合理的出租汽车承包费标准,合理调整出租汽车企业与驾驶员的收益分配关系"。承包费反映了出租汽车企业与驾驶员之间的利益分配格局,企业应当获得合理的投资收益,推动服务模式创新和服务质量提升,驾驶员也应当获得与其劳动技能、时间、强度相匹配的合理收入。

《指导意见》从规范承包经营方式、建立"承包费"集体协商与动态调整机制、降低过高承包费用、利用互联网技术改革利益分配方式、保护驾驶员合法权益方面对企业和驾驶员利益分配制度提出了完善意见。《指导意见》指出,出租汽车经营者要依法与驾驶员签订劳动合同或经营合同。采取承包经营方式的承包人和取得经营权的个体经营者,应取得出租汽车驾驶员从业资格,按规定注册上岗并直接从事运营活动。要利用互联网技术更好地构建企业和驾驶员运营风险共担、利益合理分配的经营模式。鼓励、支持和引导出租汽车企业、行业协会与出租汽车驾驶员、工会组织平等协商,根据经营成本、运价变化等因素,合理确定并动态调整出租汽车承包费标准或定额任务,现有承包费标准或定额任务过高的要降低。要保护驾驶员合法权益,构建和谐劳动关系。严禁出租汽车企业向驾驶员收取高额抵押金,现有抵押金过高的要降低。

3. 理顺价格形成机制

《指导意见》指出,各地可根据本地区实际情况,对巡游车运价实行政府定价或政府指导价,并依法纳入政府定价目录。综合考虑出租汽车运营成本、居民和驾驶员收入水平、交通状况、服务质量等因素,科学制定、及时调整出租汽车运价水平和结构。建立出租汽车运价动态调整机制,健全作价规则,完善运价与燃料价格联动办法,充分发挥运价调节出租汽车运输市场供求关系的杠杆作用。

对巡游出租汽车实行价格规制,或实行单一定价,或实行最高定价,是世界各国的通行做法。各地还可根据实际情况和区域差异,实行政府指导价,促进新老业态公平竞争、融合发展。各地经济发展水平、收入水平、市场供求情况、主要运营指标、企业经营成本、驾驶员收入水平等情况会不断变化,因此,需要建立常态化出租汽车运价评估、论证机制,根据情况对运价进行动态调整,促进行业健康可持续发展。

4. 推动行业转型升级

《指导意见》指出,鼓励巡游车经营者、网约车平台公司通过兼并、重组、吸收入股等方式,按照现代企业制度实行公司化经营,实现新老业态融合发展。鼓励巡游车企业转型提供网约车服务。鼓励巡游车通过电信、互联网等电召服务方式提供运营服务,推广使用符合金融标准的非现金支付方式,拓展服务功能,方便公众乘车。鼓励个体经营者共同组建具有一定规模的公司,实行组织化管理,提高服务质量,降低管理成本,增强抗风险能力。鼓励经营者加强品牌建设,主动公开服务标准和质量承诺,开展安全、诚信、优质服务创建活动,加强服务质量管理,提供高品质服务。

网约车以移动互联网技术为依托,提高了乘客和车辆的实时匹配效率,给传统出租汽车行业带来了挑战和机遇。通过巡游车经营者与网约车平台公司实现新老业态融合发展、传统出租汽车企业转型提供网约车服务等方式,拓展服务功能,提升竞争能力,推动行业转型升级,更好地满足人们对出租汽车服务的新需求。同时,个体经营者实行组织化管理,弥补个体经营者经营规模小、分布散、实力弱、抗风险能力弱的不足,增强抵御风险的能力,保障乘客、经营者和驾驶员的合法权益。经营者通过加强品牌建设,提升企业核心竞争力,促进企业可持续发展。

四、规范发展网络预约出租汽车和私人小客车合乘

1. 规范网络预约出租汽车发展

《指导意见》指出,网约车平台公司是运输服务的提供者,应具备线上线下服务能力,承担承运人责任和相应社会责任。提供网约车服务的驾驶员及其车辆,应符合提供载客运输服务的基本条件。对网约车实行市场调节价,城市人民政府认为确有必要的可实行政府指导价。

网约车通过互联网平台接入车辆和驾驶员,为社会公众提供运输服务,以盈利为目的,虽然其运作模式与传统巡游车存在一些不同,但其性质仍属出租汽车范畴。因此,在《对确需保留的行政审批项目设定行政许可的决定》(国务院令第412号)设定的"出租汽车经营资格证、车辆运营证、驾驶员客运资格证核发"三项行政许可的法律法规框架下,对网约车平台公司、车辆和驾驶员提出相应要求,依法推进改革。与巡游车相比,乘客可自主选择网约车的服务和价格,实行市场调节价,能够更好地发挥运输价格在调节市场供需关系中的作用,有利于激发市场主体活力。

2. 规范网约车经营行为

《指导意见》指出,网约车平台公司要充分利用互联网信息技术,加强对提供服务车辆和驾驶员的生产经营管理,不断提升乘客乘车体验、提高服务水平。按照国家相关规定和标准提供运营服务,合理确定计程计价方式,保障运营安全和乘客合法权益,不得有不正当价格行为。加强网络和信息安全防护,建立健全数据安全管理制度,依法合规采集、使用和保护个人信息,不得泄露涉及国家安全的敏感信息,所采集的个人信息和生成的业务数据应当在中国内地存储和使用。网约车平台公司要维护和保障驾驶员合法权益。

网约车平台公司不仅仅提供信息撮合匹配服务,还直接组织车辆运营、分配工作任务、确定服务价格、制定服务标准、决定收益分配、对驾驶员实施管理和服务监督等,涉及网约车经营服务管理的全过程。网约车平台公司是网约车经营的组织者,是客运服务承运人,所以要承担承运人责任。规范网约车经营行为,目的在于解决网约车发展中存在的不规范问题,维护国家安全、运输安全、信息安全,营造公平有序的市场秩序,为新业态提供规范有序发展的良好环境,促进新老业态有序竞争、差异化发展,促进出租汽车行业整体服务水平的提升,保护各方合法权益。

3. 规范私人小客车合乘

私人小客车合乘对于提高交通资源利用,缓解城市交通,减少环境污染,具有积极意义。《指导意见》明确,私人小客车合乘,也称为拼车、顺风车,是由合乘服务提供者事先发布出行信息,出行线路相同的人选择乘坐合乘服务提供者的小客车、分摊部分出行成本或免费互助的共享出行方式。私人小客车合乘有利于缓解交通拥堵和减少空气污染,城市人民政府应鼓励并规范其发展,制定相应规定,明确合乘服务提供者、合乘者及合乘信息服务平台等三方的权利和义务。

私人小客车合乘具有以下特征:一是涉及三方主体,即合乘服务提供者、合乘者及合乘信息服务平台。二是以合乘提供者自我出行为前提,乘客与合乘提供者的目的地为同一地或同一方向,出行信息需要由合乘服务提供者而并非乘客主动发布。如上下班通勤或节假日出行期间顺路捎带他人乘车等。三是不以营利为目的,合乘应当是免费或者按照里程计价,合乘服务提供者可让乘客分摊的出行成本仅限于燃油、电、气、通行费、停车费等直接费用,不按时间计算,时间成本、车辆折旧等不应分摊。私人小客车合乘对提供者、合乘者双方是非经营性的,属于共享出行,但对提供信息服务的平台企业是经营性的。因而,私人小客车合乘与专业运输行为存在显著区别。合乘服务提供者不能利用平台在限定时间段内多次提供"拼车"服务,甚至以私人小客车合乘名义从事非法营运行为。

虽然私人小客车合乘不属于出租汽车规范的范畴,在一些城市,私人小客车合乘已达到一定的规模,受到老百姓普遍欢迎。但目前一些网约车平台公司在同一平台上同时提供"拼车""顺风车"服务,应当明确网约车与"拼车""顺风车"的界限,进行相应规范,避免留下政策漏洞,防止演变成非法运输服务或成为规避非法营运的手段。

五、营造良好市场环境

为提升行业治理能力,营造良好市场环境,《指导意见》明确了完善服务设施、加强信用体系建设、强化市场监管、加强法治建设、落实地方人民政府主体责任五个方面的内容。其中,加强信用体系建设、强化市场监管,核心内容就是要创新监管方式。

《指导意见》明确,加强信用体系建设。一是落实服务质量信誉考核制度和驾驶员从业资格管理制度,制定出租汽车服务标准、经营者和从业人员信用管理制度,明确依法经营、诚信服务的基本要求。二是积极运用互联网、大数据、云计算等技术,建立出租汽车经营者和驾驶员评价系统,加强对违法违规及失信行为、投诉举报、乘客服务评价等信息的记录,作为出租汽车经营者和从业人员准入退出的重要依据,并纳入全国信用信息共享平台和全国企业信用信息公示系统。

《指导意见》明确,强化市场监管,一是要创新监管方式,简化许可程序,推行网上办理。二是要公开出租汽车经营主体、数量、经营权取得方式及变更等信息,定期开展出租汽车服务质量测评并向社会发布,进一步提高行业监管透明度。三是要建立政府牵头、部门参与、条块联动的联合监督执法机制和联合惩戒退出机制,建立完善监管平台,强化全过程监管,依法查处出租汽车妨碍市场公平竞争的行为和价格违法行为,严厉打击非法营运、聚众扰乱社会秩序或煽动组织破坏营运秩序、损害公共利益的行为。

第三节 《网络预约出租汽车经营服务管理暂行办法》的主要内容

《管理办法》明确"网约车经营服务",是指以互联网技术为依托构建服务平台,整合供需信息,使用符合条件的车辆和驾驶员,提供非巡游的预约出租汽车服务的经营活动。

《管理办法》明确了网约车的发展原则,并提出各地应因地施策,结合本地实际制定具体实施细则。

一、网络预约出租汽车发展定位

网约车本质上是只接受预约、不提供巡游的预约出租汽车服务,属于出租汽车服务的一种形式。《管理办法》明确,坚持优先发展公共交通,适度发展出租汽车,按照高品质服务、差异化经营的原则,有序发展网约车。

网约车是特殊形式的出租汽车,其发展定位要放在出租汽车行业发展定位中考量,更要放在城市综合交通体系中考量。因此,要合理把握网约车运力规模及在城市综合交通运输体系中的分担比例,有序发展网约车。《管理办法》规定,城市人民政府对网约车发放《预约出租汽车运输证》另有规定和要求的,从其规定和要求。这里的规定可理解为,既包括车辆的标准和要求,也包括实行任何形式的数量管理要求。

为更好地发挥运输价格在调节市场供需关系中的作用,《管理办法》明确规定,网约车运价实行市场调节价,城市人民政府认为有必要实行政府指导价的除外。此项规定充分考虑到各地情况的差异性,给予了地方充分的自主权,以切实保护乘客利益,确保网约车与公共交通服务价格形成错位,与巡游车公平竞争、融合发展。

二、明确网约车平台公司的主体责任及准入条件

1. 网络预约出租汽车的许可依据

网约车本质上仍属于出租汽车的范畴。因此,网约车管理仍然适用《对确需保留行政审批项目设定行政许可的通知》(国务院令第 412 号)。《管理办法》依据国务院令第 412 号第 112 项,对网约车平台公司、车辆、驾驶员实施三项许可。

2. 网络预约出租汽车的经营主体

网约车的经营主体是网约车平台公司。《管理办法》明确,网约车平台公司,是指构建网络服务平台,从事网约车经营服务的企业法人;并对网约车平台公司的主体责任作出规定:网约车平台公司是运输服务的提供者,承担承运人责任和相应社会责任,应当保证运营安全,保障乘客合法权益。

赋予网约车平台公司承运人法律地位,理由在于:网约车平台公司不仅提供了信息撮合匹配服务,而且还直接组织车辆运营,为驾驶员分配工作任务,确定服务价格,制定服务标准,决定收益分配,对驾驶员实施管理和服务监督,其行为涉及网约车经营服务管理的全过程,是网约车经营的组织者,是客运服务承运人,所以要承担承运人责任。

《管理办法》明确，网约车平台公司应当在取得相应《网络预约出租汽车经营许可证》并向企业注册地省级通信主管部门申请互联网信息服务备案后，方可开展相关业务。备案内容包括经营者真实身份信息、接入信息、出租汽车行政主管部门核发的《网络预约出租汽车经营许可证》等。涉及经营电信业务的，还应当符合电信管理的相关规定。

3. 网络预约出租汽车经营者

《管理办法》规定，网约车平台公司应当具备线上线下服务能力，符合下列条件：①具有企业法人资格；②具备开展网约车经营的互联网平台和与拟开展业务相适应的信息数据交互及处理能力，具备供交通、通信、公安、税务、网信等相关监管部门依法调取查询相关网络数据信息的条件，网络服务平台数据库接入出租汽车行政主管部门监管平台，服务器设置在中国内地，有符合规定的网络安全管理制度和安全保护技术措施；③使用电子支付的，应当与银行、非银行支付机构签订提供支付结算服务的协议；④有健全的经营管理制度、安全生产管理制度和服务质量保障制度；⑤在服务所在地有相应服务机构及服务能力；⑥法律法规规定的其他条件。

从方便企业开展业务、降低经营成本考虑，在实际执行中，网约车平台公司服务所在地与注册地不一致的，平台公司可以在服务所在地登记分支机构。对网约车平台公司实施属地管理，既是出租汽车区域经营特征的要求，也能够满足地方政府对平台公司日常管理和纳税等方面的需要。

《管理办法》规定，网约车的线上服务能力由网约车平台公司注册地省级交通运输主管部门商同级通信、公安、税务、网信、人民银行等部门审核认定，认定结果全国有效。同时，明确规定了网约车经营者的许可程序、线上服务能力审核认定程序、线下服务能力审核认定程序等。

网约车是线上服务与线下服务的结合，线上服务具有"一点接入、全网服务"的特点，线下服务是属地化、区域化服务，既体现互联网技术特点，又体现出租汽车地方事权和区域管理特征。《管理办法》制定了"两级工作、一级许可"的许可程序，以减少相关环节。两级工作，即线上服务能力认定由省级交通运输主管部门商同级有关部门确定；线下服务能力认定由服务所在地市级或者县级出租汽车行政主管部门审核。一级许可，即由服务所在地市级或者县级出租汽车行政主管部门结合两级能力认定结果一次许可。

4. 网络预约出租汽车车辆

《管理办法》明确，从事网约车经营的车辆应当是7座及以下乘用车，安装具有行驶记录功能的车辆卫星定位装置、应急报警装置，车辆技术性能符合运营安全相关标准要求,车辆登记为预约出租客运。《管理办法》还明确,车辆的具体标准和营运要求,各地可结合本地实际情况,按照高品质服务、差异化经营的发展原则确定。

一般来说,网约车的车辆标准应明显高于当地主流巡游车,以实现与巡游车差异化经营;服务标准也应当高于网约车,以体现高品质服务。

应急报警装置应具备"一键呼叫"功能,乘客遇紧急情况使用时,能够实现车辆实时动态信息及驾驶员信息向公安机关自动发送,车载卫星定位系统符合现行《道路运输车辆卫星定位系统车载终端技术要求》(JT/T 794)及其他有关规定。

网约车是否应有标识,《管理办法》对此无明确要求,各地可根据实际情况和管理需要,自行确定有关标识管理规定。

《管理办法》明确,行驶里程达到60万km时强制报废。行驶里程未达到60万km但使用年限达到8年时,退出网约车经营。小、微型非营运载客汽车登记为预约出租客运的,按照网约车报废标准报废。其他类型营运载客汽车登记为预约出租客运的,按照该类型营运载客汽车报废标准和网约车报废标准中先行达到的标准报废。省、自治区、直辖市人民政府有关部门结合本地实际情况,制定网约车报废标准的具体规定,并报国务院商务、公安、交通运输等部门备案。

5. 驾驶员许可

《管理办法》明确,网约车服务的驾驶员应当取得相应准驾车型机动车驾驶证并具有3年以上驾驶经历;无交通肇事犯罪、危险驾驶犯罪记录,无吸毒、饮酒后驾驶记录,最近3个记分周期内没有被扣满分记录;无暴力犯罪记录;城市人民政府规定的其他条件。

《管理办法》规定,网约车平台公司应当维护和保障驾驶员合法权益,按照有关法律法规规定,根据工作时长、服务频次等特点,与驾驶员签订多种形式的劳动合同或协议,明确双方的权利和义务。《劳动合同法》适用全社会各个领域,出租汽车行业也不例外。网约车驾驶员与网约车平台公司应当依法建立劳动关系。

三、规范网约车经营行为

保障乘客出行安全是交通运输服务的最基本要求,是网约车规范发展的核心问题之一。网约车平台公司作为网约车经营者,是运输服务的提供者,要承担承运人责任和相应社会责任,应当保证运营安全,保障乘客合法权益。《管理办法》第四章全章对规范网约车经营行为作出了具体规定。

1. 市场公平竞争

《管理办法》明确,网约车平台公司不得妨碍市场公平竞争,不得侵害乘客合法权益和社会公共利益。网约车平台公司不得有为排挤竞争对手或者独占市场,以低于成本的价格运营扰乱正常市场秩序,损害国家利益或者其他经营者合法权益等不正当价格行为,不得有价格违法行为。

2. 规范和提升服务

《管理办法》明确,网约车平台公司应当保证提供服务的车辆和驾驶员具有合法营运资质,对网约车驾驶员开展岗前培训和日常教育,保证线上提供服务的驾驶员与线下实际提供服务的驾驶员一致。加强对提供服务车辆和驾驶员的生产经营管理,保证车辆技术状况良好,安全性能可靠,依法纳税,为乘客购买承运人责任险等相关保险,按照国家相关规定和标准提供运营服务。网约车平台公司要公布确定符合国家有关规定的计程计价方式,合理确定网约车运价并实行明码标价,明确服务项目和质量承诺,建立服务评价体系和乘客投诉处理制度。

3. 运营安全

《管理办法》规定,网约车平台公司应当加强安全管理,落实运营、网络等安全防范措施,严格数据安全保护和管理,提高安全防范和抗风险能力,支持配合有关部门开展相关工作。

4. 信息安全

《管理办法》根据国家网络和信息安全有关规定,从保障用户的知情权、规范个人信息的使用和存储、建立信息泄露报告制度、禁止信息传播等方面做了规定。

5. 禁止非法经营行为

《管理办法》明确规定,任何企业和个人不得向未取得合法资质的车辆、驾驶员提供信息对接开展网约车经营服务。不得以私人小客车合乘名义提供网约车经营服务。网约车车辆和驾驶员不得通过未取得经营许可的网络服务平台提供运营服务。

小客车合乘与非法营运的区别,在实践中是非常重要的问题。《指导意见》中明确,私人小客车合乘,也称为拼车、顺风车,是由合乘服务提供者事先发布出行信息,出行线路相同的人选择乘坐合乘服务提供者的小客车、分摊部分出行成本或免费互助的共享出行方式。

从国家政策的顶层设计来看,顺风车与各出行平台业务中的专车、快车,及巡游车、网约车服务本质的区别在于,顺风车是驾驶员和合乘者各方自愿的民事行为,不属于道路运输经营行为,不以营利为目的。国家政策中的顺风车具有驾驶员事先发布出行信息、合乘者与驾驶员出行线路相同、驾驶员和合乘者分摊部分出行成本(合乘里程内所消耗的油电气费和道路通行费等)或免费互助等几个明显的特点。根据国家政策的本意和顺风车的本质特点,每车每日合乘次数应当有一定限制。同时,《管理办法》也明确规定,"私人小客车合乘,也称为拼车、顺风车,按城市人民政府有关规定执行。"

为规范顺风车,全国各地80多个城市相应出台了顺风车的监管规则。对顺风车的定义、每日合乘次数、车辆备案、平台的义务等都做了规定。

北京规定,驾驶员应有1年以上驾龄,提供合乘的车辆为7座以下小客车,由驾驶员本人所有、具有本市号牌且经检验合格,驾驶员提供合乘服务每车每日不超过2次。合乘信息服务平台实行实名注册,每车每日派单不超过2次。车辆相关信息接入政府监管平台并实时传输。禁止任何企业和个人以合乘名义开展非法营运。对收费明显高于合乘计费标准、提供合乘服务超过规定次数、以私人小客车合乘名义提供网约车经营服务的,由执法部门依法予以查处。

上海与北京的规定基本相同,同时,上海还要求驾驶员无交通肇事犯罪、危险驾驶犯罪记录,无吸毒记录,无饮酒后驾驶记录,自注册之日前1年内无驾驶机动车发生5次以上道路交通安全违法行为。

广州规定,分摊部分出行成本的,合乘出行提供者可在全天提供不超过两次合乘出行;免费互助合乘的,合乘出行提供者每日提供合乘出行次数不受限制。

深圳规定,分摊出行成本的,分摊总费用仅限燃料成本及通行费等直接费用,按合乘里程计算,且单次里程分摊费用不得超过红色出租汽车里程续租价的50%(不含起步价、燃油附加费、候时费、长途返空费、夜间附加费)。同一车辆每天不得超过3次。合乘平台每天为同一合乘车辆提供的合乘供需信息整合服务不得超过3次。对以合乘名义从事或变相从事非法营运的行为,以及未取得网约车经营许可以合乘名义从事或变相从事网约车经营服务的行为,依法予以查处。

青岛规定,提供合乘出行一天内不得超过四次。对违反上述规定的,按照非法营运有关规定依法查处。

天津规定,合乘服务分摊费用超过出行过程中的能耗成本和发生的道桥通行费用的,或每日提供合乘服务超过两次的,按未经许可从事网约车经营服务,依法予以处罚。

此外,北京、上海均出台了查处非法客运行为的地方性法规。《北京市查处非法客运若干规定》(2018年)第二条规定,"在本市行政区域内从事客运经营的经营者、车辆和驾驶人员应当依法取得相应许可。未经许可不得从事或者组织从事客运经营。"第五条规定,"未经许可擅自从事或者组织从事网络预约出租汽车客运经营的,由交通行政执法部门责令停止经营,扣押车辆,并按照国家和本市相关管理规定处以罚款。"《上海市查处车辆非法客运办法》(2014年)第三条(一般禁止规定):"未取得营业性客运证件的汽车不得从事经营性客运活动。"第十二条(违反一般禁止规定的处罚):"违反本办法第三条第一款规定,非法从事经营性客运活动的,根据有关法律、法规的规定进行处罚;对非法从事经营性客运活动再次被查获且存在安全隐患的,依法定程序没收用于非法从事经营性客运活动的车辆。对非法从事经营性客运活动的驾驶员,由公安交通管理部门暂扣其机动车驾驶证3~6个月;对有依法应当吊销机动车驾驶证的道路交通安全违法行为的,吊销其机动车驾驶证。"

综上所述,按照交通运输部和各地城市的规定,是否构成以顺风车名义从事非法网约车经营活动,可从以下方面认定:一是是否高于成本分摊。所收取的费用应当真正在成本内分摊,不得有高于成本的营利空间;二是合乘车次数不得超过规定的次数。分摊成本的,每天每车合乘次数不得高于2次或者4次,也有的地方规定为3次;三是出行信息应当由驾驶员预先发布,而不是由乘客事先发布;四是合乘者与驾驶员出行线路相同或者相近。

如果不满足以上条件的,合乘的费用过高,同一车主单日内的顺风车接单次数超过了当地政府的要求,或者频次过多,甚至同一车主单日无限次接单等,就不是真正意义上的顺风车,很可能涉嫌非法营运。涉嫌以顺风车名义提供非法网约车服务,查证属实后,应当以非法营运论处。对于假借顺风车之名义从事网约车的活动,应当进行严厉打击。

四、强化监督管理

1. 强化事前事中事后全过程监管

《管理办法》对网约车平台公司、车辆、驾驶员设置了基本的准入条件,实施事前审核,把好源头关。将事中事后监督结果及时公布,增加行业监管透明度。

2. 建立完善监管平台

《管理办法》规定,建设和完善政府监管平台,实现与网约车平台信息共享。共享信息应当包括车辆和驾驶员基本信息、服务质量以及乘客评价信息等。

3. 建立联合监管机制

网约车呈现跨界、跨部门的特点,应建立政府牵头、部门参与、条块联动的联合监管机制,特别是实现部门间的信息共享与互联互通,形成监管合力。联合监管主要涉及交通运输、发展改革、价格、通信、公安、人力资源社会保障、商务、人民银行、税务、工商、质检、网信等部门。《管理办法》规定，发展改革、价格、通信、公安、人力资源社会保障、商务、人民银行、税务、工商、质检、网信等部门按照各自职责，对网约车经营行为实施相关监督检查，并对违法行为依法处理。

4. 加强信用体系建设

《管理办法》规定，各有关部门应当按照职责建立网约车平台公司和驾驶员信用记录，并纳入全国信用信息共享平台。同时将网约车平台公司行政许可和行政处罚等信用信息在全国企业信用信息公示系统上予以公示。出租汽车行业协会组织应当建立网约车平台公司和驾驶员不良记录名单制度，加强行业自律。

5. 建立退出机制

《指导意见》要求，加强对违法违规及失信行为、投诉举报、乘客服务评价等信息记录，作为出租汽车经营者和从业人员准入退出的重要依据。对于网约车平台公司有重大违法行为的，《管理办法》规定，出租汽车行政主管部门可以依据相关法律法规责令停业整顿、吊销相关许可证件。地方在制定地方性法规时，可以进一步细化相关规定，强化退出机制的可操作性。

第四节 配套政策制度

《指导意见》《管理办法》作为国家深化出租汽车行业改革的顶层设计，明确了出租汽车发展定位，一方面，针对传统行业长期积累的突出矛盾和问题，以新业态发展倒逼传统业态转型升级、提升服务；另一方面，对网约车经营者、车辆和驾驶员，按照国务院《对确需保留的行政审批项目设定行政许可的决定》（国务院令第412号）第112项设定的"出租汽车经营资格证、车辆运营证和驾驶员客运资格证"许可事项，依法实施许可管理，通过新业态增量扩大服务供给能力，满足乘客高品质、差异化出行需求。同时，针对出租汽车行业属地管理的特点，《指导意见》进一步明确了城市人民政府管理出租汽车的主体责任，在具体车辆标准、驾驶员条件、运力规模调控和价格机制等方面赋予了地方自主权和政策空间。巡游车经过多年的发展，其政策监管框架涵盖了从行业准入、安全生产、市场监管等一系列的规定，相对比较完善；而网约车作为新业态，其法律监管框架还有待逐步确立及细化。结合网约车行业特征，在《指导意见》《管理办法》的政策框架下，交通运输行业主管部门合同相关部门开启了一系列网约车监管配套政策修订工作，相关监管政策体系初步确立。

一、配套制修订的部门规章、标准规范和规范性文件

1. 部门规章

按照颁布时间先后,主要有:

(1)《出租汽车驾驶员从业资格管理规定》(2011年12月26日交通运输部令第13号发布,根据2016年8月26日《交通运输部关于修改〈出租汽车驾驶员从业资格管理规定〉的决定》第一次修正,根据2021年8月11日《交通运输部关于修改〈出租汽车驾驶员从业资格管理规定〉的决定》第二次修正)。

(2)《巡游出租汽车经营服务管理规定》[2014年9月30日交通运输部发布(原名为《出租汽车经营服务管理规定》),根据2016年8月26日《交通运输部关于修改〈出租汽车经营服务管理规定〉的决定》第一次修正,根据2021年8月11日《交通运输部关于修改〈巡游出租汽车经营服务管理规定〉的决定》第二次修正]。

(3)《网络预约出租汽车经营服务管理暂行办法》(2016年7月27日交通运输部 工业和信息化部 公安部 商务部 工商总局 质检总局 国家网信办令第60号发布,根据2019年12月28日《交通运输部 工业和信息化部 公安部 商务部 市场监管总局 国家网信办关于修改〈网络预约出租汽车经营服务管理暂行办法〉的决定》第一次修正,根据2022年11月30日《交通运输部 工业和信息化部 公安部 商务部 市场监管总局 国家网信办关于修改〈网络预约出租汽车经营服务管理暂行办法〉的决定》第二次修正)。

党中央、国务院为持续优化营商环境、推动形成全面开放新格局作出了一系列决策部署。按照商务部等国务院有关部门关于做好与现行开放政策以及《中华人民共和国外商投资法》不相符的法规文件清理工作的要求,鉴于国务院已决定取消外商投资道路运输业立项审批,且《外商投资准入特别管理措施(负面清单)》已不包含对外商投资道路运输业的准入限制。2019年12月28日,交通运输部等六部门对《网络预约出租汽车经营服务管理暂行办法》进行了第一次修订,废除了规章中有碍优化营商环境、扩大对外开放的规定和做法,即删去其中有关"外商投资企业还应当提供外商投资企业批准证书"的规定。

2022年7月30日,《国务院关于取消和调整一批罚款事项的决定》(国发〔2022〕15号)印发实施,明确取消"对未按照规定携带网络预约出租汽车运输证、网络预约出租汽车驾驶员证行为的罚款",下调"对未取得网络预约出租汽车运输证、网络预约出租汽车驾驶员证擅自从事或者变相从事网约车经营活动等行为的罚款"数额。为落实国务院要

求,2022年11月30日,交通运输部等六部门对《网络预约出租汽车经营服务管理暂行办法》第二次修订,删除了未按照规定携带网络预约出租汽车运输证、驾驶员证行为的罚款规定,对未取得网络预约出租汽车运输证、驾驶员证从事网约车经营活动等行为的罚款数额予以下调。具体修改内容如下:一是将第三十四条修改为"违反本规定,擅自从事或者变相从事网约车经营活动,有下列行为之一的,由县级以上出租汽车行政主管部门责令改正,予以警告,并按照以下规定分别予以罚款;构成犯罪的,依法追究刑事责任:(一)未取得《网络预约出租汽车经营许可证》的,对网约车平台公司处以10000元以上30000元以下罚款;(二)未取得《网络预约出租汽车运输证》的,对当事人处以3000元以上10000元以下罚款;(三)未取得《网络预约出租汽车驾驶员证》的,对当事人处以200元以上2000元以下罚款。伪造、变造或者使用伪造、变造、失效的《网络预约出租汽车运输证》《网络预约出租汽车驾驶员证》从事网约车经营活动的,分别按照前款第(二)项、第(三)项的规定予以罚款。"二是删去第三十六条第一款第一项,即删除了"未按照规定携带《网络预约出租汽车运输证》《网络预约出租汽车驾驶员证》的处罚情形"。

2. 标准规范

按照发布时间先后,主要有:

(1)《网络预约出租汽车运营服务规范》(JT/T 1068—2016)。

(2)《巡游出租汽车运营服务规范》(JT/T 1069—2016)。

(3)《出租汽车综合服务区规范》(GB/T 39597—2020)。

(4)《出租汽车运营服务规范》(GB/T 22485—2021)。

3. 规范性文件

按照发布时间先后,主要有:

(1)《交通运输部办公厅关于印发出租汽车驾驶员从业资格全国公共科目考试大纲的通知》(交办运〔2016〕135号),2016年10月21日。

(2)《交通运输部办公厅关于网络预约出租汽车车辆准入和退出有关工作流程的通知》(交办运〔2016〕144号),2016年11月7日。

(3)《交通运输部办公厅 工业和信息化部办公厅 公安部办公厅 中国人民银行办公厅 税务总局办公厅 国家网信办秘书局关于网络预约出租汽车经营者申请线上服务能力认定工作流程的通知》(交办运〔2016〕143号),2016年11月3日。

(4)《交通运输部办公厅关于印发〈网络预约出租汽车监管信息交互平台总体技术要求(暂行)〉的通知》(交办运〔2016〕180号),2016年12月20日。

(5)《交通运输部关于改革出租汽车驾驶员从业资格考试有关工作的通知》（交运发〔2017〕134号），2017年9月4日。

(6)《交通运输部办公厅关于印发〈网络预约出租汽车监管信息交互平台运行管理办法〉的通知》（交办运〔2018〕24号），2018年2月13日。

(7)《交通运输部办公厅 公安部办公厅关于切实做好出租汽车驾驶员背景核查与监管等有关工作的通知》（交办运〔2018〕32号），2018年3月4日。

(8)《交通运输部关于印发〈出租汽车服务质量信誉考核办法〉的通知》（交运发〔2018〕58号），2018年5月14日。

(9)《交通运输部办公厅 中央网信办秘书局 工业和信息化部办公厅 公安部办公厅 中国人民银行办公厅 国家税务总局办公厅 国家市场监督管理总局办公厅关于加强网络预约出租汽车行业事中事后联合监管有关工作的通知》（交办运〔2018〕68号），2018年5月30日。

(10)《国务院办公厅关于同意建立交通运输新业态协同监管部际联席会议制度的函》（国办函〔2018〕45号），2018年7月25日。

(11)《交通运输部办公厅公安部办公厅关于进一步加强网络预约出租汽车和私人小客车合乘安全管理的紧急通知》（交办运〔2018〕119号），2018年9月11日。

(12)《交通运输部 人民银行 国家发展改革委 公安部 市场监管总局 银保监会关于印发〈交通运输新业态用户资金管理办法（试行）〉的通知》（交运规〔2019〕5号），2019年5月9日。

(13)《交通运输部办公厅关于维护公平竞争市场秩序加快推进网约车合规化的通知》（交运明电〔2021〕223号），2021年8月30日。

(14)《交通运输部 中央宣传部 中央网信办 国家发展改革委 公安部 人力资源社会保障部 国家市场监督管理总局 中华全国总工会关于加强交通运输新业态从业人员权益保障工作的意见》（交运发〔2021〕122号），2021年11月27日。

(15)《交通运输部办公厅 工业和信息化部办公厅 公安部办公厅 人力资源社会保障部办公厅 人民银行办公厅 税务总局办公厅 市场监管总局办公厅 网信办秘书局关于加强网络预约出租汽车行业事前事中事后全链条联合监管有关工作的通知》（交办运〔2022〕6号），2022年2月7日。

(16)《网络预约出租汽车监管信息交互平台支行管理办法》（交运规〔2022〕1号），2022年7月22日。

系列政策的出台，明确了网约车平台公司、驾驶员、车辆的许可、服务标准、安全监管、技术和数据监管、保险权益等内容,网约车监管体系得到确立与细化。

二、部际联席会议制度

随着移动互联网技术快速发展,传统交通运输与互联网融合的行业新业态蓬勃发展,先后诞生了网约车、共享单车、汽车分时租赁(共享汽车)、定制客运、车货匹配等多种交通运输新业态新模式,这些新业态都呈现跨领域、跨部门特点,呈现出蓬勃发展态势,在快速发展的过程中也出现一些急需解决的问题,单靠一个部门或几个部门难以推动问题的解决并实现有效监管。为促进交通运输新业态健康发展,近年来,交通运输主管部门会同有关部门积极探索,加强协作,创新监管方式,先后在网约车、共享单车、汽车分时租赁(共享汽车)等行业领域制定出台了多个规章政策,已经初步形成了多部门联合监管、协同推进的工作机制。

2018年,为进一步加强交通运输新业态监管、形成工作合力,促进行业持续稳定健康发展,国务院办公厅同意建立由交通运输部牵头的交通运输新业态协同监管部际联席会议制度。根据2018年7月25日印发的《国务院办公厅关于同意建立交通运输新业态协同监管部际联席会议制度的函》(国办函〔2018〕45号)精神,部际联席会议的主要职能是"完善涉及交通运输领域新业态的法律法规体系,建立健全多部门协同监管机制,加强舆论引导和形势研判,提高行业治理和应急处置能力,促进行业持续稳定健康发展"。

由此,网约车新业态的监管从交通运输部的"部级"监管,提升到了跨部门的"部际"协同监管。根据中国机构编制网的解释,"部际联席会议,是为了协商办理涉及国务院多个部门职责的事项,由国务院批准建立,各成员单位按照共同商定的工作制度,及时沟通情况,协调不同意见,以推动某项任务顺利落实的工作机制。它是行政机构最高层次的联席会议制度。建立部际联席会议,应当从严控制。可以由主办部门与其他部门协调解决的事项,一般不建立部际联席会议。"

2019年8月31日,交通运输新业态协同监管部际联席会议召开第二次会议,决定自2019年9月5日起,在全国范围内对所有网约车、顺风车平台公司开展进驻式全面检查。2018年9月5日,交通运输新业态协同监管部际联席会议相关成员单位和应急管理部组成了网约车顺风车安全专项检查组,进驻了滴滴出行、首汽约车、神州专车、曹操专车、易到用车、美团出行、嘀嗒出行、高德八家网约车顺风车企业,开展了联合安全专项检查。通过检查,对每家企业指出了安全、服务等方面问题,也提出了整改要求。八家平台企业也就相应问题提出了整改方案,并且在网上向社会进行了公示,开展了整改工作。

2021年3月31日,交通运输新业态协同监管部际联席会议召开。此次会议围绕维护市场公平竞争秩序、加快网约车合规发展、促进新老业态融合发展、保障从业人员合法权益六点内容展开。其中,网约车领域的反垄断、合规与用工权益问题得到了强调和重申。会议指出,要加快网约车合规发展,统筹用好数字监管、信用监管、执法检查、行政约谈、通报警示等各种监管手段,切实拿出管用的"实招""硬招",督促企业加快整改,提升网约车合规化水平。要加强反垄断监管,推动反垄断法规政策在交通运输新业态领域落地实施,规范企业经营行为。

2021年9月8日,交通运输部印发的《关于维护公平竞争市场秩序加快推进网约车合规化的通知》中,对进一步维护公平竞争市场秩序、加快推进网约车合规化进程、促进网约车行业规范健康持续发展提出了明确措施。针对部分网约车平台公司招募或诱导未取得许可的驾驶员和车辆"带车加盟",开展非法营运,严重扰乱公平竞争的市场秩序,影响行业安全稳定的行为,要求各地交通运输主管部门要压紧压实企业依法合规经营主体责任,积极推进市场主体多元化。指导督促网约车平台公司依法合规用工,科学制定平台派单规则,规范定价行为,完善利益分配机制,降低过高的抽成比例,保障驾驶员获得合理劳动报酬和休息时间。即日起,不得新接入不合规车辆和驾驶员,并加快清退不合规的驾驶员和车辆。加大对网约车非法营运的打击力度,持续保持高压态势。坚持监管规范和促进发展两手并重,坚决破除许可办理的"玻璃门""旋转门"等现象。依法严厉查处低价倾销、大数据杀熟、诱导欺诈等违法违规行为。

从2021年9月起,交通运输部每月开始公布36个中心城市网约车合规率情况。对因许可办理拖延等问题导致符合条件的车辆和驾驶员未能合规化的城市,交通运输部向社会公开了城市名单。

2021年11月30日,交通运输部、中央宣传部、中央网信办、国家发展改革委、公安部、人力资源社会保障部、国家市场监督管理总局、中华全国总工会联合印发《关于加强交通运输新业态从业人员权益保障工作的意见》,针对当前社会各方反映的突出问题,结合各部门职责,提出了加强新业态从业人员权益保障工作的十项举措。在促进网约车平台企业合规发展方面提出,各地交通运输主管部门要督促网约车平台企业严格遵守法规规定,不得接入未获得网约车许可的驾驶员和车辆。督促网约车平台公司在驾驶员和车辆新注册时,应当要求提供网约车驾驶员和车辆许可证件,对无法提供的不予注册,并提醒依法依规办理相应许可。严厉打击非法营运行为,鼓励运用信息化手段加强精准执法。针对网约车驾驶员利益分配机制、劳动报酬合理水平、休息权利等问题,也作出了相关规定。

随着进入后疫情时代,近年来,国家层面进一步加强行业合规化进度、重视驾驶员权益保障工作,同时完善事中事后全链条监管。2022年,交通运输部公布12件更贴近民生实事,将实施交通运输新业态平台企业抽成"阳光行动"列入民生实事。"阳光行动"聚焦网约车、道路货运新业态两个领域。网约车方面,督促主要网约车平台公司向社会公开计价规则,合理设定本平台抽成比例上限并公开发布,同时在驾驶员端实时显示每单的抽成比例。在道路货运方面,督促主要道路货运新业态平台公司向社会公开计价规则,合理设定本平台订单收费金额或抽成比例上限、会员费上限等,并向社会公开发布。

《关于加强交通运输新业态从业人员权益保障工作的意见》印发以来,多地交通运输等部门陆续出台关爱网约车驾驶员、保障网约车驾驶员合法权益的相关文件,打出政策组合拳,推动交通运输领域新业态规范健康持续高质量发展,着力解决从业人员的权益保障问题。

2022年5月,海南、福建、浙江等地出台"阳光行动"工作实施方案,列出时间表。各地要求,5月底前,辖区内主要网约车平台公司主动向社会公告计价规则,合理设定抽成比例上限并公开发布,基本实现在驾驶员端实时显示每单的乘客支付总金额、驾驶员劳动报酬。多地对网约车驾驶员的最低工资、工资增长也有具体规定。比如,贵州规定,健全最低工资和支付保障制度,对提供正常劳动的劳动者劳动报酬不得低于当地最低工资标准或最低小时工资标准。湖北、陕西等地规定,引导企业建立劳动报酬合理增长机制。宁夏规定,加强对用工合作单位的管理,不得以高额风险抵押金、保证金转嫁经营风险。

第五章

各地网络预约出租汽车管理政策和实践探索

国家层面《指导意见》和《管理办法》出台之后,全国各地主要城市紧随其后,因地施策,结合本地实际制定了深化出租汽车改革实施方案和网约车管理具体实施细则。截至2017年1月22日,全国共有北京、天津、上海、重庆、杭州、宁波、大连、成都、厦门、福州、广州、合肥、深圳、青岛、贵阳、南京、郑州等44个城市正式发布了网约车管理实施细则,另外还有150余个城市已向社会公开征求了意见。至2017年12月底,在全国297个地级及以上城市中,共有175个城市(包括4个直辖市,171个地级市)发布了网约车管理细则。此后1~2年内,全国各地其他城市也按照要求出台了相应管理政策。从全国来看,截至2019年初已经有247个城市发布了网约车规范发展的一些具体办法和意见。目前,我国已有250多个城市出台了规范网约车管理的政策实施细则。上海、北京、杭州、辽宁、广东等多地出台了地方性法规和政府规章来规范网约车。

第一节 各地政策的差异化创新性探索

各地根据属地管理的要求,结合实际情况出台了实施细则。其中,广州、深圳、重庆是政府令的形式出台,其他一线城市和二、三线城市基本上都是以政府规范性文件的形式出台。在出台政策过程中,严格贯彻落实了国家规定的内容,凡是涉及国家明确规定的规范网约车经营的规定,均完全沿用国家规定,未做调整。

针对授权范围,各地均结合自身实际情况,进行了明确和细化。其中,各地在政策细化过程中,主要集中在网约车总量调控、运价、驾驶员、车辆准入等几个方面。车辆技术标准,各地均结合实际情况,按照高品质服务、差异化经营的原则进行细化。不同的是,不同地区对驾驶员户籍、运营车辆牌照、车辆购置价格、轴距、排量、车长等方面都有所要求,其中最为普遍的是要求运营车辆为本地牌照,要求驾驶员有本地户籍或居住证。各地方性网约车政策由于各自实际情况的差异,在规范措施上存在明显不同,大致分为三种类型。

一、第一种类型

第一种类型以北京、上海、广州、深圳、天津、重庆为代表,于2016年10月28日正式发布。上述六个城市在人员、车辆准入、运价、数量管控等方面规定比较相似,体现了一线城市的特点。此外,北京给予已经开展业务的网约车平台公司、驾驶员和车辆五个月的过渡期,深圳设置三个月的过渡期,上海政策则当即生效。

1. 数量管控

除上海和深圳没有对网约车数量管控给出相关规定以外,北京、广州、天津、重庆均给出较为宏观的规定。北京、广州、天津要求综合考虑本市人口数量、经济发展水平、空气质量状况、城市交通拥堵状况、公共交通发展水平、出租汽车里程利用率等因素,合理把握出租汽车运力规模及在城市综合交通运输体系中的分担比例,建立网约车运力规模动态调整机制。重庆则明确根据道路客运市场发展需要或者出现突发情况时,市、区县(自治县)人民政府可以对网约车数量、价格等实施临时调控。

2. 运价管控

北京、上海、广州、深圳、天津、重庆均表示实行市场调节价,在此基础上,北京、广州、深圳和天津同时规定"必要时依法实行政府指导价"。

3. 车辆准入

车辆户籍方面,北京、上海、广州、深圳、天津、重庆均要求网约车车辆在本市登记注册,即具有"本市车牌",同时重庆更进一步要求机动车行驶证登记的车辆所有人地址所属区域与拟经营区域一致。

车龄方面,北京、上海未对车龄作出要求,深圳、天津、重庆均要求车龄2年以内,广州要求车龄3年以内。

车辆技术要求方面,以上六个城市,除了上海仅规定车辆轴距达到2600mm以上而外,其他五个城市均从车辆轴距、排气量、新能源车辆续航里程等方面做了规定,其中,车辆轴距上海要求最低,为达到2600mm以上,并且没有对新能源车辆进行区分。深圳、天津规定燃油车辆轴距2700mm以上,纯电动车辆、新能源车辆轴距2650mm以上,其他城市均规定车辆轴距在2650mm以上。北京、广州将网约车车辆排量标准统一规定为1.8L,广州还对车辆的长度、宽度和高度作了要求。重庆还要求从事网约车经营的车辆计税价格应当高于同期巡游车价格。

4. 驾驶员户籍

北京、上海、天津均要求网约车驾驶员应当具有本地户籍。深圳规定,除了本地户籍外,持有效的《深圳经济特区居住证》也可。广州要求应具有本市户籍或取得本市居住证。重庆则没有对驾驶员户籍作出规定。

二、第二种类型

第二种类型以杭州、宁波为代表。杭州、宁波网约车新政分别于2016年10月29日和 2016 年 10 月 31 日正式发布。两个城市均设置了四个月的过渡期。

1. 数量和运价管控

杭州和宁波均规定对本市网约车数量和运价实行市场调节,同时,为保障公共秩序和群众合法权益,必要时可对网约车的数量和价格实行临时管控。杭州进一步规定网约车主要依靠存量转换,通过将符合条件的车辆变更使用性质为"预约出租客运"产生,不单独新增网约车小客车指标,不设置网约车专用牌照号段。宁波则规定了网约车数量管控的宏观原则,即据公共交通发展水平、社会公众出行需求、城市交通拥堵状况等因素,建立网约车运力规模动态监测机制。

2. 车辆准入

车辆户籍方面,杭州和宁波市均规定车辆具有本市号牌。

车龄方面,杭州要求车辆使用年限不超过 5 年,宁波规定车辆使用期限不得超过 2 年。

车辆技术要求方面,两个城市主要从车辆轴距和车辆购置税的计税价格两个方面做了规定。杭州要求新能源汽车(包括插电式混合动力汽车、纯电动汽车和燃料电池电动汽车),轴距达到 2600mm 以上或综合工况续驶里程达到 250km 以上;非新能源汽车,轴距达到 2700mm 以上或车辆购置的计税价格在 12 万元以上。宁波规定燃油、清洁能源车辆轴距 2650mm 以上;新能源车辆轴距 2600mm 以上,综合工况续驶里程 200km 以上;车辆购置税的计税价格 12 万元以上。

3. 驾驶员条件

杭州规定需取得本市户籍,或在本市取得浙江省居住证 6 个月以上,或在本市取得浙江省临时居住证 12 个月以上。宁波规定本市户籍或者在本市取得《浙江省居住证》6 个月以上。

三、第三种类型

第三种类型以成都、贵阳为代表。成都、贵阳分别于 2016 年 11 月 7 日和 2017 年 1 月 5 日正式印发网约车政策。

1. 数量管控

成都和贵阳均未明确网约车数量管控要求。

2. 运价管控

成都和贵阳均规定网约车实行市场调节价,贵阳同时规定必要时实行政府指导价。

3. 车辆准入

车辆户籍方面,成都和贵阳市均规定车辆具有本市牌照。

车龄方面,成都没有规定车辆使用年限,而贵阳规定车辆使用年限为不满 3 年。

车辆技术要求方面,成都要求车辆排气量不小于 1.6L 或 1.4T,鼓励使用新能源汽车。贵阳仅规定车辆购置价格不低于本市中心城区巡游车价格,投保营业性交强险、营业性第三者责任险和乘客意外伤害险。

4. 驾驶员要求

成都在国家政策基础上新增要求:具有成都市户籍或者成都市居住证;最近 5 年内在成都市没有被吊销巡游车从业资格记录,最近 5 年内在成都市没有被查处从事仿冒巡游车营运及其他非法客运经营的记录;身体健康等要求。贵阳在国家政策基础上新增要求:本市户籍或持有本市有效居住证;取得 C1 及以上准驾车型机动车驾驶证并具有 3 年以上驾驶经历;自申请之日前 3 年内无被依法吊销出租汽车从业资格的记录。

总体来看,各地出台的网约车政策不一,在落实中央政策精神的同时,也反映了各地在城市管理当中的不同诉求。

第二节　政策的合法性与合理性考量

各地在制定网约车管理细则时,遵照"因地制宜、一城一策"的原则,考虑到每个城市的具体情况,制定的标准宽严有别,充分尊重了网约车自身的特点和发展规律,形成和巡游车差异化的经营路线和管理模式。

一、对网约车实施许可管理的合法性依据

《指导意见》和《管理办法》均明确对网约车实施许可管理。在政策制定过程中,对网约车平台企业、网约车车辆和网约车驾驶员实施三项许可的合法性是颇受各方关注的话题。

1.《中华人民共和国立法法》明确规定了部门规章的制定依据

根据《中华人民共和国立法法》第七十一条规定,国务院部门规章的制定依据有两类,即法律、行政法规,国务院的决定和命令。而对网约车实施许可管理的依据正是《对确需保留的行政审批项目设定行政许可的决定》(国务院令第 412 号),该令第 112 条设定了"出租汽车经营资格证、车辆运营证、驾驶员客运资格证核发"三项行政许可事项,

由县级以上地方人民政府出租汽车行政主管部门具体实施。从运营特征上讲，网约车是只接受预约、不提供巡游的预约出租汽车服务，本质上属于出租汽车服务的一种形式，属于出租汽车的范畴，当然应当执行国务院令第412号的要求，对网约车平台公司、驾驶员和车辆实施许可。《指导意见》和《管理办法》中也明确规定，网约车属于出租汽车经营服务的一种类型。因此，网约车应当依法纳入交通运输行业管理。同时，网约车平台公司具有跨界经营特征，还应遵守互联网信息服务等相关业务领域法律法规的规定。

2.《中华人民共和国行政许可法》明确规定行政命令可以设定许可

《中华人民共和国行政许可法》第十四条规定"必要时，国务院可以采用发布决定的方式设定行政许可"。国务院令第412号第112项设定了"出租汽车经营资格证、车辆运营证和驾驶员客运资格证的核发"三项许可，并规定由县级以上地方人民政府出租汽车行政主管部门负责实施。网约车作为出租汽车的一种服务方式，其经营服务、车辆和驾驶员纳入国务院令第412号第112项许可范围内，并通过部门规章作出具体的实施性规定，是由其运输服务的本质所决定的。

3.《中华人民共和国立法法》《中华人民共和国行政许可法》明确规定了规章细化行政许可条件的权限范围

为进一步明确规章的制定权限范围，推进依法行政，《中华人民共和国立法法》第七十一条明确规定，"部门规章规定的事项应当属于执行法律或者国务院的行政法规、决定、命令的事项。没有法律或者国务院的行政法规、决定、命令的依据，部门规章不得设定减损公民、法人和其他组织权利或者增加其义务的规范，不得增加本部门的权力或者减少本部门的法定职责"。而对网约车实施许可管理正是执行国务院令第412号的事项。《中华人民共和国行政许可法》第十六条明确规定，"规章可以在上位法设定的行政许可事项范围内，对实施该行政许可作出具体规定。法规、规章对实施上位法设定的行政许可作出的具体规定，不得增设行政许可；对行政许可条件作出的具体规定，不得增设违反上位法的其他条件。"而国务院令第412号第112项规定了"出租汽车经营资格证、车辆运营证和驾驶员客运资格证的核发"三项许可的名称和实施机关，需要通过规章进一步细化许可条件，以便于执行。《管理办法》在三项许可的基础上进一步细化了网约车平台公司、网约车驾驶员和网约车车辆的许可条件。网约车本质上是出租汽车，其特殊性主要在于客运服务合同的缔结和费用结算方面与巡游车有别。《管理办法》中对网约车规定了与巡游车不同的许可条件，这是实事求是的态度，尊重了网约车的自身发展和特点。根据《中华人民共和国行政许可法》第十六条规定，行业主管部门可以对网约车的行政许可就实施机关、条件、程序、期限等方面作出具体规定。在网约车新规中,大致采取了统分结合的方式,国家在网约车的性质、一般原则层面作出具体规定,大多交由地方政府根据各地情况具体规定具体的实施标准。比如,在人员和车辆准入方面,各地在《管理办法》规定的基础上,对驾驶员户籍、运营车辆牌照、车辆购置价格、轴距、排量、车长等都作了进一步的具体要求,且不同类型的城市要求也不一样,充分体现了不同城市的要求。

二、各地实施细则的合法性依据

1.《指导意见》为各地实施细则提供了政策依据

《指导意见》作为国务院发布的规范性文件,作为地方人民政府出台网约车政策的依据自然是毋庸置疑的。交通运输部制定部门规章,或者是地方人民政府制定政府规章,也应当遵循《指导意见》确立的基本原则,不得与其精神相违背。

2.《管理办法》为各地实施细则提供了上位法依据

《管理办法》对地方制定实施细则做了明确授权。授权的形式有两种:

一是直接授权地方人民政府确定。主要有:

(1)价格的制定。网约车运价实行市场调节价,城市人民政府认为有必要实行政府指导价的除外(第三条第二款)。

(2)经营范围、经营区域、经营期限由出租汽车行政主管部门在实施行政许可时确定(第八条)。

(3)车辆具体标准和运营要求由相应的出租汽车行政主管部门,按照高品质服务、差异化经营的发展原则,结合本地实际情况确定(第十二条第二款)。

(4)对网约车发证的例外规定。城市人民政府对网约车发放《网络预约出租汽车运输证》另有规定的,从其规定(第十三条第二款)。

(5)对网约车驾驶员条件的例外规定。城市人民政府规定的其他条件(第十四条第一款第四项)。

(6)拼车、顺风车,按城市人民政府有关规定执行(第38条)。

(7)网约车报废。省、自治区、直辖市人民政府有关部门要结合本地实际情况,制定网约车报废标准的具体规定,并报国务院商务、公安、交通运输等部门备案(第三十九条第三款)。

(8)实施细则的制定。本办法自2016年11月1日起实施。各地可根据本办法结合本地实际制定具体实施细则(第四十条)。

(9)规模和总量的授权。《指导意见》第三点"科学定位出租汽车服务"中明确:城市人民政府要优先发展公共交通,适度发展出租汽车……合理把握出租汽车运力规模及在城市综合交通运输体系中的分担比例……。意味着各地应当根据出租汽车空驶率、人均拥车率和对公交分担率等指标来决定是否增加出租汽车总量,以及总量增加多少。

二是《管理办法》做了原则性规定,但需要地方进一步细化。主要涉及以下事项:

(1)平台许可条件、程序的细化(第六条第四、五项、第十条、第十一条)。

(2)网约车许可条件、程序的细化(第十三条第二款)。

(3)驾驶员许可条件、程序的细化(第十四条第四项)。

(4)承运人责任的细化(第十六条)。

(5)网约车报废规定的细化(第三十九条)等。

各地正是根据上述《指导意见》和《暂行规定》的授权性规定事项对相关具体内容作了细化规定。

3.各地实施细则的规定是对许可条件的细化而非增设许可

各地出台实施细则的过程中,有两个问题颇受争议:一是地方实施细则是否属于"增加行政许可条件";二是"规章以下的规范性文件"是否有权对行政许可条件作出具体规定。《管理办法》对网约车平台公司、车辆和驾驶员规定了相关条件,但规定得较为原则性。出租汽车管理属于地方事权,这次国家政策出台的一个基本原则就是坚持属地管理,就是为给各地留出政策空间。在《管理办法》对网约车平台公司、车辆和驾驶员规定的条件的基础上,由城市人民政府或各地出租汽车行政主管部门因地制宜确定各城市对网约车平台公司、车辆和驾驶员要求的具体条件,这显然是对《管理办法》规定的网络预约出租汽车平台公司、车辆和驾驶员许可条件的细化、具体化,而不是增设许可。

至于"规章以下的规范性文件"是否有权对行政许可条件作出具体规定?《中华人民共和国行政许可法》对此没有明文规定,但也并未禁止。为了实现法律法规设定行政许可的目的,就应当对行政许可进行具体化,以便实施行政许可。因为法律、法规、规章对行政许可条件的规定,一般都比较原则性,如果不加以细化,不便于在实践中实施,也会造成许可实施许可人员的行政自由裁量权的空间相对比较大,审查的标准也宽松不一,势必影响到行政许可的实施。

三、网络预约出租汽车高品质差异化服务定位的合理性

1.不同的出租汽车细分市场可以采用不同的规制方法

出租汽车提供的是区域化服务,大多数行程都发生在一个城市或行政区内。由于城

市的千差万别,如人口规模、交通拥堵情况、环境承载压力等不同,国家间以及国家内部不同区域也存在较大差异,在行业规制手段和内容上,世界各国的出租汽车行业及其规制框架的发展呈现出广泛的差异性,甚至于在同一个国家不同城市的情况也不尽相同。

出租汽车行业并非单一市场,包含出租汽车站点候客、巡游招车和电话、网络预约等主要细分市场。站点候客和巡游招车是出租汽车行业特有的细分市场,与其他市场相比,这两种市场信息不对称的问题比较突出。在电话、网络预约市场中,客户处于更有利的地位,可以按照可接受的费率对比选购期望的服务及质量水平。

在部分国家,如英国、奥地利、德国、爱尔兰等,出租汽车行业规制是以双轨制为基础的,对巡游车和预约出租汽车采用不同规制方法,主要差异在于预约出租汽车不能巡游揽客,只能接受预约的服务,费率的规制相对宽松。

2. 网约车经营的特征决定了网约车的监管机制和监管方向

传统出租汽车具有道路资源消耗高、信息不对称和服务随机等特点,因此,对此实行数量规制、价格规制及安全和标准规制是必要的,是世界各国通行做法。打车软件、网络约车提高了车辆和乘客匹配的效率,但并没有改变出租汽车对道路资源高消耗的特点。特别是大城市由于道路资源有限,在车辆和乘客大量增加的极端情况下,道路拥堵、环境污染等外部性就会更加突出。

网约车的出现,为乘客和服务提供者之间提供了在虚拟空间进行价格谈判和交易选择的可能,也因此拥有更加灵活的价格机制。而网约车并没有从本质上改变出租汽车随机交易的特征,准入和质量规制(包括安全)仍然是必要的。技术进步必定会带来交易特征的变化,伴随着网约车的兴起,监管机制和监管手段也应当与时俱进。在不同类型的城市,对网约车的需求不一样,也决定了网约车监管模式的地方属性,需要因地制宜地制定网约车地方政策。

3. 网约车的产生基于市场对高品质差异化服务的需求

21世纪初,电话预约出租汽车在北京、上海和武汉等城市发展起来,主要服务于商务出行和高端用户。而网约车作为预约出租汽车的一种,是借助互联网技术,从某种程度上迎合了对高品质、差异化的服务的市场需求。因此,巡游车和预约出租汽车尤其是网约车产生的客观历史背景和技术条件均有很大的不同。

借鉴国外经验,立足国内实际,对巡游车和预约出租汽车实行分类管理,是比较现实且理性的选择。因此,《指导意见》和《管理办法》中均明确,出租汽车是城市综合交通运输体系的组成部分,是城市公共交通的补充。城市人民政府要优先发展公共交通,适度发展出租汽车,优化城市交通结构。要根据大中小城市特点、社会公众多样化出行需求和出租汽车发展定位,坚持优先发展城市公共交通、适度发展出租汽车,按照高品质服务、差异化经营的原则,有序发展网约车。这次改革进一步明确了出租汽车属地管理,明确了出租汽车的行业定位,明确了出租汽车、巡游车和网约车的发展格局。

四、城市的发展定位和发展目标决定了各地政策的差异性

1. 限户籍限车牌是特大城市的理性选择

地方网约车政策出台,北京、上海不约而同地选择了"京人京牌""沪籍沪车",而广州在征求意见之后根据各方意见对驾驶员增加了"本市户口"的要求,天津、深圳和重庆对驾驶员户籍也有要求,这和这几个城市的发展定位和发展目标是相一致的。

北京市正在大力倡导和发展轨道交通、地面公交、自行车、步行等绿色出行方式,全力构建以公共交通为主体的城市客运交通格局。《上海市交通白皮书》明确上海市要坚持综合交通发展战略和公交优先发展战略。深圳也明确了到2020年确保公共交通承担全市60%以上的客运机动化出行量的城市公共交通发展目标,以缓解交通拥堵和人口压力。更重要的是,很多城市,尤其是北京、上海、广州、深圳这样人口众多、拥堵严重的特大城市,大城市病问题突出,比如北京、上海本身都有人口规模控制的管理要求,整个社会的交通要依靠公共交通解决。

出租汽车作为城市综合交通运输体系的组成部分,在城市交通出行结构和方式中仅占其中一小部分。对驾驶员提出"常住人口"需要,也有助于管控人口流动趋势。作为个性化交通,网约车只能适度发展。京人京牌、沪籍沪车,符合北京、上海城市功能定位。从出租客运服务来看,属于"本地常住人口"的驾驶员,对路况及各地交通管理措施更加熟悉,能更好地为乘客提供出行运输服务。

2. 坚持本地车是小汽车限牌城市的必然选择

目前,在北京、上海、广州、深圳等城市对小客车的增加均有指标的限制,并实行了单双号限行的政策。20世纪90年代初以来,上海长期施行机动车额度增量控制的相关政策,对小客车的拥有和使用进行了控制,尤其对外牌车辆实施了一定的限行措施,有效缓解了本市交通拥堵加剧的趋势。依据目前实施的限行措施,仅有在上海市注册登记的车辆才能提供全时段全路段的出行服务。因此,仍规定在上海市注册登记的车辆才能在本市区域内从事网约车经营。反之,对于北京、上海、广州、深圳等城市,在本地常住人口家庭购买小客车实施总量控制的前提下,如果允许外地牌照车辆驶入这些城市,提供网约车服务,实际上是变相增加了当地的机动车保有量,让当地对小客车总量控制的管理政

策成为一纸空文,也白白牺牲了本市居民家庭的利益。

3. 限制外地车也是出租汽车区域性运营特征的本质要求

出租汽车本身具有区域性运营的特征,网约车也不例外。《管理办法》明确规定,网约车不可异地经营。坚持"本地车",也顺理成章。而外地车运营等于变相增加机动车数量,加剧城市道路交通拥堵。车辆检验和检测在外地,难以加强对车辆技术的管理。

同时,从实际监管来看,对外地车辆的监管责任主体在车籍所在地监管部门,对于在本地发生的交通事故和其他事件难以实现监管,一旦发生纠纷,乘客维权比较困难。而且,不同城市对车辆管理的要求存在差异,如允许外地车辆进入本地市场、与本地车辆存在准入条件等不公平问题。而这也是目前国内外绝大多数城市的通行做法。

4. 驾驶员户籍的要求充分体现了各个城市的不同需求

《指导意见》和《管理办法》中明确,网约车经营服务属于出租汽车经营服务的一种类型。由于此前很多城市已经有关于出租汽车行业管理的地方性法规或规章,结合出租汽车行业改革需要,将出租汽车区分为巡游和网络预约两种运营模式,需要比照、参考或同步修订各地的出租汽车管理条例或办法,确保两种出租汽车运营模式实现准入平等性和运营差异化等。如,《上海市出租汽车管理条例》规定了只有本市户籍的人员方能从事出租汽车运营服务。《北京市出租汽车管理条例》也明确规定,出租汽车驾驶员应当有本市常住户口。因此,北京、上海明确,网约车驾驶员应具有北京、上海市户籍,既体现了政策的一致性,也符合城市控制人口的发展目标。深圳虽然已经是特大城市,需要控制人口,但深圳本身就是外来人口居多的城市,如果再要求网约车驾驶员具有本地户口也是不现实的,不能满足城市对网约车驾驶员的需求。因此,根据城市的情况,相比北京、上海,深圳对网约车驾驶员户籍要求不限本地户籍,持有居住证者也可。

而对杭州、宁波、成都、贵阳这些人口压力不大的城市,本身城市对出租汽车驾驶员的户籍也没有特定要求,对驾驶员的户籍要求相对宽松或不作要求也是在情理之中。特别是杭州,80%以上的巡游车驾驶员都是外地人,因此,杭州作了实事求是的规定,要求网约车驾驶员或者取得杭州市户籍,或取得浙江省居住证6个月以上,或取得浙江省临时居住证12个月以上,以满足城市对网约车驾驶员的需求。增加临时居住证的规定,主要原因也是考虑到《浙江省流动人口居住登记条例》的实施办法尚未落地,已取得浙江省居住证的人不多,有必要认可持有临时居住证1年以上的人群。

总之,对户籍车牌进行双重限制成为超大或特大城市的共同选择,究其原因,还是在于这些城市在人口规模、经济发展、大气环境、交通拥堵、公共交通服务水平等方面所处阶段不同。北京、上海等超大城市对网约车数量、人员管控严格,宁波、杭州对网约车数量、人员相对宽松,都是根据自身城市特点决定的。而成都、贵阳发布的相关细则并未对驾驶员的户籍设限,同时对车辆的要求也更为宽松,这也是和城市本身的发展阶段相符的。

据不完全统计,各地方网约车政策在"户籍、车牌、车型"三个准入门槛中,均或多或少予以了限制。这与当地政府社会管理政策相关,也与如何理解网约车"高品质服务、差异化经营"的定位有关。各地网约车新政,只要在国务院《指导意见》的顶层设计范围内,都是"一城一策"的体现,都充分发挥了各地的智慧。具体实施效果如何,都有待于实践检验。说到底,这本身就是"地方差异",一线城市和二线城市有差异,二线城市和三四线城市有差异,城乡也有差异,这原本就是基本国情。

国家深化出租汽车改革政策出台的核心内容之一是对巡游车和网约车采用分类监管,网约车作为巡游车的补充,让两种业态错位发展,最终形成错位经营,这是根据当今出租汽车市场的发展现状提出的一套明智的监管思路。根据两者的不同特征和差异化发展的要求,《指导意见》和《管理办法》都设计了有针对性的监管制度。多地出台的网约车管理实施细则,基本上贯彻了优先发展公共交通,适度发展出租汽车,有序发展网约车的改革思路,力求网约车与巡游车形成差异化的发展格局,以满足乘客的多元化需求。各地管理实施细则正式出台后,巡游车和网约车如何实现差异化经营?巡游车如何改进服务?对网约车如何有效实施监管?这是政策落地的难点所在,充分考验行业管理者的智慧。

第三节 政策的修正完善

一、部分地市的立法实践

1.《杭州市客运出租汽车管理条例》(2018年修订)

自2015年开始,杭州市委市政府将出租汽车行业改革作为社会管理体制中的重点改革项目。2015—2016年,杭州在全国率先完成巡游车改革,理顺巡游车管理体制机制。为解决出租汽车行业面临的突出问题,杭州市于2015年12月出台了《关于深化出租汽车行业改革的指导意见》,于2016年10月出台了《杭州市网络预约出租汽车和私人小客车合乘管理实施细则》,对改革巡游车管理和规范网约车经营等重要事项作出了具体规定,促进了杭州市出租汽车行业的改革发展。

但是,规范性文件层级较低,刚性不足。为解决出租汽车行业面临的新问题,同时巩固行业改革取得的成果,2018年3月31日,浙江省第十三届人大常委会第二次会议批准了杭州市十三届人大常委会第八次会议修订通过的《杭州市客运出租汽车管理条例》(简称《条例》),自2018年5月1日起正式施行。《条例》分为总则、经营资质、经营服务、监督检查、法律责任和附则六章共五十七条,将网约车纳入适用范围,在经营资质、经营管理等方面专门作出规定。这也是国内第一部将网约车纳入立法规范对象的市级地方性法规,是以地方立法形式落实国家对出租汽车行业改革顶层设计的重要实践。《条例》不再区别巡游车驾驶员与网约车驾驶员的从业资格,实行"两证合一",减少行业壁垒,推进新老业态的融合发展,这在国内居于领先地位;降低出租汽车驾驶员准入门槛,取消申请从业资格考试人员户籍限制,对从业年龄放宽至65周岁。依据《条例》,《杭州市网络预约出租汽车经营服务管理实施细则》同步作了修订。

2.《深圳市网络预约出租汽车经营服务管理暂行办法》(2022年修正)

《深圳市网络预约出租汽车经营服务管理暂行办法》(2016年12月28日深圳市人民政府令第291号发布,此后经历了2019年10月26日深圳市人民政府令第324号修订和2022年3月3日深圳市人民政府令第342号修正)自2019年12月1日起施行。修订内容如下:一是为全面贯彻国家、省和市有关生态文明建设的决策部署和《2018年"深圳蓝"可持续行动计划》(深府办规〔2018〕6号)要求,删除了燃油小汽车申请取得《网络预约出租汽车运输证》的规定,明确新注册的网约车须为纯电动汽车,确保网约车条件不低于巡游车。二是删除了实施前已从事网约车业务的车辆和驾驶员的特别规定。三是为给驾驶员提供就业便利,减少从业限制,根据《广东省出租汽车经营管理办法》有关巡游车驾驶员从业资格考试与网约车驾驶员从业资格考试成绩互认的规定,明确规定:"本市出租汽车驾驶员资格证和《网络预约出租汽车驾驶员证》实行互认,驾驶员在原证件有效期届满前直接跨类驾驶巡游出租汽车或者网络预约出租汽车"。四是要求网约车经营者向约车人全面、真实、准确披露约车人指定地理位置半径3km范围内的待约车辆数量和计价规则,保障约车人的知情权和选择权。五是要求平台储存的业务数据保存期限从原来的2年延长至3年,优化乘客维权保障制度。

2022年3月3日,《深圳市网络预约出租汽车经营服务管理暂行办法》删除了原第十九条第一款第(一)项"具有本市户籍或持有有效的《深圳经济特区居住证》",也就是说,对网约车驾驶员不再要求"有户籍或持有效居住证"。

二、其他各地政策的调整

1. 泉州市

《泉州市网络预约出租汽车经营服务管理实施细则》于2016年10月19日印发。2017年9月18日,泉州市交通委发布《关于印发调整完善泉州市网络预约出租汽车经营服务管理实施细则的通知》,对《泉州市网络预约出租汽车经营服务管理实施细则》进行了调整完善。泉州成为全国首批调整网约车细则的城市。

泉州网约车细则有六大变化。一是原细则要求线上服务能力由福建省交通运输主管部门认定,现调整为由公司注册地省级交通运输主管部门商同级通信、公安、税务、网信、人民银行等部门审核认定。线下服务应当符合相关条件。二是原细则的福建省交通运输主管部门的线上服务能力认定结果,调整为公司注册地省级交通运输主管部门的线上服务能力认定结果。三是原细则要求车辆安装具有行驶记录功能的车辆北斗卫星定位装置及应急报警装置,现调整为安装具有行驶记录功能的车辆卫星定位装置及应急报警装置。四是原细则要求车辆档次不低于本市巡游车,车辆厂方销售指导价格不低于人民币15万元,且高于巡游车主流车型平均市场价格50%以上,现调整为车辆厂方销售指导价格不低于同期主流巡游车价格的1.2倍。五是对于营运车辆相关保险,原细则要求其中机动车第三者责任险不得低于100万元,承运人员责任险的保额不得低于50万元,现调整为机动车第三者责任险和承运人责任险的最低保额应符合相关规定要求。六是原细则要求网约车驾驶员不得同时接入两个及以上网约车平台,车辆所有人和驾驶员可根据自身需求变更接入的网约车平台。现调整为网约车车辆所有人和驾驶员应与网约车平台公司签订经营协议或服务协议,车辆和驾驶员要按照协议约定接入网约车平台。

2. 银川市

2017年4月,银川市首次出台了《银川市网络预约出租汽车经营服务管理实施细则(试行)》。2019年,在总结和借鉴相关城市政策优势的基础上,进一步广泛征求社会各界意见,对该实施细则进行了局部的修订完善,并经银川市第十五届人民政府第54次常务会议审定通过,于2020年4月30日发布实施。

新发布的实施细则主要修订完善内容如下:一是将原来对本市拟注册登记的网约车车型修订为7座及以下乘用车(包括轿车、越野车、商务车等车型),充分体现网约车高品质服务、差异化经营和满足个性化需求的特点,也更加契合行业实际。二是将原来网约车车辆标准修订为:车辆轴距不小于2650mm,排气量不小于1.6L(1.4T),鼓励推广新能源网约车,新能源车辆纯电驱动状态下续驶里程不低于400km。原标准体现车辆档次高、舒适度更好的特点,修订后的标准能更好地适应本市经济发展水平和消费需求。三是将原来对车辆行驶证初次注册日期至申请网约车时未满2年,修订为车辆行驶证载明初次注册日期至申请网约车时未满7年。主要理由是网约车进入客运市场已有6年时间,政策出台相对滞后,修订后比较符合网约车实际,避免造成资源浪费和"黑车"增加。除了上述几点修订完善之外,其他内容保持不变。

3. 温州市

《温州市网络预约出租汽车经营服务管理实施细则》(温政办〔2022〕17号)于2022年5月1日起正式实施,有效期为10年。相较2016年12月19日发布的《温州市网络预约出租汽车经营服务管理实施细则(试行)》,新规定进一步明确了管理职责,对机构改革后相关部门职责予以明确,强化网约车行业属地监管和联合监管。主要修订内容如下:一是优化车辆标准,取消一般燃油车和微型面包车准入,鼓励新能源车发展,保障乘坐舒适性。二是要求在车内安装视频监控App,实现显著位置"一键报警",增加音视频监控设备安装要求,强化安全水平。三是增加了对私人小客车合乘(即顺风车)的相关监管要求。明确私人小客车合乘作为一种不以营利为目的的共享出行方式,不属于营运行为,并鼓励免费互助合乘。四是放宽驾驶员门槛,不设置户籍、社保限制,并实行巡游车、网约车从业资格证"两证合一",营造公平就业环境,方便驾驶员跨业态流动,充分保障平等就业权利。

此外,有的地方对私人小客车合乘政策也做了一些调整,如,《广州市交通运输局、广州市公安局关于查处道路客运非法营运行为涉及私人小客车合乘认定问题的意见》(穗交运规字〔2021〕12号)于2021年12月31日起实施。广州市原私人小客车合乘政策规定"私人小客车合乘出行分摊的出行成本仅限于车辆燃料(用电)成本及通行费等直接费用,分摊费用不得超过上述直接费用,分摊费用只能按合乘里程计费"。修订后规定"私人小客车合乘分摊的出行成本仅限于车辆燃料(用电)成本及通行费等直接费用。成本费用按合乘里程分摊计算,单位里程总分摊费用不得超过本市巡游车里程续租价的50%,不得设置起步价,不得按合乘时间计费。通行费等费用由合乘各方协商分摊,并在合乘平台提前确认分摊比例。合乘平台可在合乘者分摊的费用中提取一定比例的信息服务费。"关于合乘次数,修订后规定"要求分摊部分出行成本的,合乘出行提供者每天提供合乘出行服务累计不超过三次;其中有跨城出行服务的,每天提供合乘出行服务累计不超过两次;每个合乘计划及线路只能在一个合乘平台发布。免费互助合乘的,合乘出行提供者每日提供合乘出行次数不受限制。"并要求"合乘平台应做好合乘出行管理，同一合乘计划及线路匹配的合乘出行需求不超过两个，对于跨城出行线路，每个合乘计划及线路只能匹配一个合乘出行需求。"

结语

当前,我国出租汽车新老业态发展正处于"新老交织共存、在竞争中发展、在发展中融合"的状态,整个行业也处于服务水平提升和转型发展的关键时期,应鼓励出租汽车新业态与老业态融合发展,实现新老业态双向互济、良性互动。加快推动巡游车转型升级,加快理顺运价机制,增强巡游车运价的时效性和灵活性,推进巡游车数字化发展,有效激发巡游车发展内生动力和活力。展望未来网约车行业发展,合法合规经营是前提,任何企业都不能触及安全底线。应发挥好网约车平台公司的互联网技术优势,激发平台公司市场活力,提升行业服务质量。统筹用好数字监管、信用监管、执法检查、行政约谈、通报警示等各种监管手段,提升网约车合规化水平。

网约车平台公司要落实主体责任,强化公平竞争意识,形成崇尚、保护和促进公平竞争的市场环境。加快建立健全与交通运输新业态运营特点相适应的监管体系,推动反垄断法规政策在交通运输新业态领域落地实施,规范网约车平台公司经营行为。

此外,网约车平台公司要保障从业人员合法权益。加快补齐交通运输新业态从业人员劳动权益保障短板,切实维护好新业态从业人员等群体就业、劳动报酬、休息、劳动安全、社会保险等基本权益。

参考文献

[1] 宋援朝,韩喜朝.城市出租汽车客运管理与经营[M].北京:人民交通出版社,2000.

[2] 王益英,黎建飞.外国劳动法和社会保障法[M].北京:中国人民大学出版社,2001.

[3] 张武扬.行政许可法释论[M].合肥:合肥工业大学出版社,2003.

[4] 荣朝和.西方运输经济学[M].北京:经济科学出版社,2008.

[5] 郑书耀.准公共物品私人供给研究[M].北京:中国财政经济出版社,2008.

[6] [美]史蒂芬·布雷耶.规制及其改革[M].李洪雷,等,译.北京:北京大学出版社,2008.

[7] [英]安东尼·奥格斯.规制:法律形式与经济学理论[M].骆梅英,译.北京:中国人民大学出版社,2008.

[8] 杨开忠,陈良文,等.出租汽车业规制:国际经验与北京改革[M].北京:中国城市出版社,2008.

[9] 王军.为竞争而管制——出租车业管制改革国际比较[M].北京:中国物资出版社,2009.

[10] 格雷厄姆·郝吉思,王旭,等.出租车! 纽约市出租车司机社会史[M].北京:商务印书馆,2010.

[11] 韩彪,聂伟,何玲.出租汽车市场体系研究:理论与实践[M].北京:人民交通出版社,2010.

[12] 李寒.对出租汽车经营权数量管制问题的研究[D].北京:北京交通大学,2011.

[13] 交通运输部道路运输司.《出租汽车驾驶员从业资格管理规定》释义[M].北京:人民交通出版社,2012.

[14] 交通运输部道路运输司.《出租汽车服务质量信誉考核办法(试行)》释义[M].北京:人民交通出版社,2012.

[15] 交通运输部道路运输司.中国出租汽车发展问题理论研究[M].北京:人民交通出版社,2013.

[16] 交通运输部职业资格中心.出租汽车驾驶员从业资格考试全国公共科目培训教材[M].2版.北京:人民交通出版社股份有限公司,2017.

[17] 王骏涛.出租车管制的经济学分析[D].杭州:浙江大学,2004.

[18] 潘亮.地方政府对网约车监管对策研究——以优步为例[D].大连:东北财经大学,2016.

[19] 李孟萩.我国网约车的法律规制研究[D].福州:福州大学,2018.

[20] 陈刚.网约车监管主体的法制困境及对策[D].南京:东南大学,2019.

[21] 王雪菲.论网约车平台的安全保障义务与责任[D].济南:山东大学,2020.

[22] 王俊,陈学武.用经济学理论分析出租汽车服务定价机制[J].交通运输工程与信息学报,2004,2(4):99-104.

[23] 曹成伍,虞淑娟.出租汽车监管的历史、现状与理念思考[J].城市交通,2006(4):65-69.

[24] 陈明艺.国外出租车市场规制研究综述及其启示[J].外国经济与管理,2006(8):41-48.

[25] 张宏军.西方外部性理论研究术评[J].经济问题,2007(2):14-16.

[26] 国务院发展研究中心发展战略和区域经济研究部课题组.我国出租汽车行业管理和发展面临问题及对策建议[J].改革,2008(8):128-138.

[27] 马斐.日本出租汽车行业简介[J].交通与运输,2009(2):62-64.

[28] 何英.完善出租车运价与成品油价格联动机制的几点思考[J].价格理论与实践,2009(6):20-21.

[29] 陈燕申.出租汽车行业稳定与发展探讨[J].城市交通,2009,7(2):36-42.

[30] 胡子健.出租汽车经营权管理问题及建议[J].城市交通,2009,7(3):1-5.

[31] 韩彪.对深圳出租汽车市场10个热点问题的解释[J].深圳大学学报(人文社会科学版),2010,27(2):16-21.

[32] 金迪.出租车牌照管制、产权与资源配置[J].综合运输,2010(4):53-57.

[33] 丁元竹.完善我国准公共服务管理体制——以出租汽车行业管理为例[J].城市观察,2010(5):38-46.

[34] 李忠奎,李燕霞,武君婷,等.美国主要城市出租汽车发展概况[J].交通战略与规划,2010(试刊总26),26-31.

[35] 武君婷,李燕霞,李忠奎,等.英国主要城市出租汽车管理简介[J].交通战略与规划,2010(试刊总26),32-34.

[36] 郑秀妙,许建华.城市出租汽车供需平衡影响因素分析[J].经营管理者,2011(2):46.

[37] 李燕霞,李胤.加拿大魁北克省出租汽车行业发展的经验与启示[J].交通建设与管理,2014,390(7):78-85.

[38] 单平基.从强制缔约看"打车软件"的法律规制[J].法学,2014(8):143-154.

[39] 王梅.拼车,要往哪个方向开?[J].交通与港航,2015(6):24-33.

[40] 侯登华.网约车规制路径比较研究———兼评交通运输部《网络预约出租汽车经营服务管理暂行办法(征求意见稿)》[J].北京科技大学学报(社会科学版),2015,31(6):96-103.

[41] 唐清利."专车"类共享经济的规制路径[J].中国法学,2015(4):286-302.

[42] 胡承华.互联网时代城市出租车行业治理的国外动态与启示[J].城市,2016(2):59-65.

[43] 刘岱宗,薛雅宁,朱雪莹.网约车监管的国际探索与经验[J].中国道路运输,2016(9):84-86.

[44] 李烁.论网约车规制的美国模式及其最新探索[J].公法研究,2017(1):196-216.

[45] 陈越峰."互联网+"的规制结构——以"网约车"规制为例[J].法学家,2017(1):16-31.

[46] 楼秋然.美国法上的网约车监管理论与实践——兼评七部门《网络预约出租汽车经营服务管理暂行办法》[J].政治与法律,2017(10):100-112.

[47] 侯登华.共享经济下网络平台的法律地位——以网约车为研究对象[J].政法论坛,2017,35(1):157-164.

[48] 班小辉.论"分享经济"下我国劳动法保护对象的扩张——以互联网专车为视角[J].四川大学学报(哲学社会科学版),2017(2):154-161.

[49] 李干.网约车司机在集体劳动法的身份定位[J].中国劳动关系学院学报,2017,31(1):43-47.

[50] 常凯.中国特色劳动关系的阶段、特点和趋势——基于国际比较劳动关系研究的视野[J].武汉大学学报(哲学社会科学版),2017,70(5):21-29.

[51] 郭传凯.共享经济属性的回归与网约车监管思路的选择[J].山东大学学报(哲学

社会科学版),2017(3):82-88.

[52] 李燕霞,李胤.各地网约车新政概要[J].中国道路运输,2017(1):36-38.

[53] 穆随心,王昭.共享经济背景下网约车司机劳动关系认定探析[J].河南财经政法大学学报,2018,33(1):34-42.

[54] 白小平,张婕.网约车平台与司机之法律关系认定及法律责任划分[J].中州学刊,2018(6):47-53.

[55] 李雅男.网约车平台法律地位再定位与责任承担[J].河北法学,2018,36(7):112-126.

[56] 肖竹.网约车劳动关系的认定:基于不同用工模式的调研[J].财经法学,2018(2):95-110.

[57] 李燕霞.顺风车如何不再滴血[J].中国道路运输,2018(9):11-13.

[58] 肖顺武,曾燕婵.网络交易平台法律责任的认定研究——兼及《电子商务法》第38条之解释[J].经济法研究,2019,22(1):255-271.

[59] 周克放.《电子商务法》视角下网约车平台的信息披露义务[J].重庆邮电大学学报(社会科学版),2019(3):57-62.

[60] 钱玉文.网约车模式的法律规制研究[J].中国高校社会科学,2019(3):67.

[61] 孙瑞瑞.共享经济背景下网约顺风车的行政监管研究[J].南京邮电大学学报(社会科学版),2019(3):44-52.

[62] 钱玉文,吴炯,张金华.论网约车平台的安全保障义务与责任——对我国《电子商务法》第38条第2款的解释与适用[J].浙江师范大学学报(社会科学版),2019(4):49-59.

[63] 刘乃梁.包容审慎原则的竞争要义:以网约车监管为例[J].法学评论,2019,37(5):122-132.

[64] 林欧.英国网约工劳动权益保障的思路、困境及启示[J].中国人力资源开发,2019,36(4):130-138.

[65] 郭嘉辉.论网约车平台的法律责任及监管完善[J].河南理工大学学报(社会科学版),2020,21(5):8-13.

[66] 徐星,吴群琪,李永平.网约车情境下出租车运力投放政策的风险评估分析[J].综合运输,2020,42(8):19-27.

[67] 王君君.移动互联网时代网约车平台监管策略[J].重庆文理学院学报(社会科学版),2020,39(4):60-67.

[68] 李燕霞,李胤.网约车发展政策法规概览[J].中国道路运输,2022(2):34-36.

[69] 李作敏,徐英俊.对我国出租汽车经营权问题的思考[J].交通发展与改革研究,2010,54(2):1-8.

[70] 李燕霞,武君婷,李忠奎,等.出租汽车管理国际经验与启示[J].交通发展与改革研究,2011,22(1):1-11.

[71] 武君婷,李燕霞,李忠奎,等.世界主要城市出租汽车行业管理情况综述[J].交通发展与改革研究,2011,23(2):1-11.

[72] 李燕霞.欧洲国家出租汽车行业监管改革的影响、趋势和启示[J].交通发展与改革研究,2013,39(1):1-12.

[73] 李燕霞,高頔,黄起龙.美国加州关于通过在维护公共安全的同时允许新市场主体进入交通运输行业相关法律规范的决定[N].中国交通报,2016-01-20(6-8).

[74] 李燕霞,黄起龙,高頔.美国加州关于对旅客承运人、合乘以及新的网络接入运输服务制定法律规范进行监管的命令[N].中国交通报,2016-02-03(7-8).

[75] 李燕霞.线上监管网约车可考虑的途径[N].中国交通报,2018-04-16(3).

[76] California Public Utilities Commission. Order Instituting Rulemaking on Regulations Relating to Passenger Carriers, Ridesharing, andNew Online-Enabled TransportationServices. Rulemaking 12-12-011[EB/OL].(2012-12-04)[2016-01-05]. https://www.docs.cpuc.ca.gov/PublishedDocs/Published/G000/M036/K204/36204017.PDF.

[77] California Public Utilities Commission. Order Instituting Rulemaking on Regulations Relating to Passenger Carriers, Ridesharing, and New Online-Enabled Transportation Services. Decision 13-09-045[EB/OL].(2013-09-19)[2016-01-05]. https://docs.cpuc.ca.gov/PublishedDocs/Published/G000/M077/K192/77192335.PDF.

[78] California Public Utilities Commission. Order Instituting Rulemaking on Regulations Relating to Passenger Carriers, Ridesharing, and New Online-Enabled Transportation Services. Decision 14-04-022. California Public Utilities Commission[EB/OL].(2014-04-04)[2016-01-05]. https://docs.cpuc.ca.gov/PublishedDocs/Published/G000/M089/K077/89077611.PDF.

[79] District of Columbia Taxicab Commission. Colorado General Assembly. COLORADO 2014 LEGISLATIVE SERVICE.[EB/OL].(2014-06-17)[2016-01-05]. https://leg.colorado.gov/publications/summary-local-government-legislation-2014.

[80] VEHICLE-FOR-HIRE INNOVATION AMENDMENT ACT OF 2014[EB/OL].(2014-

04-07). [2016-01-05]. http://www.taxi-library.org/cpuc-2014/uber-1.pdf.

[81] Ministry of Road Transport & Highways, Government of India. Advisory for licensing, Compliance and Liability of On-demand Information Technology based Transportation Aggregator [Taxis (4 + 1)] operating within the jurisdiction of India [EB/OL]. (2015-10-13) [2016-01-24]. https://morth.nic.in/sites/default/files/circulars_document/Advisory_for_licensing_0.pdf.

[82] Quebec Department of Transportation. the fundamentals of taxi regulation and the quebec experience [EB/OL]. (1995-01-20) [2016-01-24] http://www.taxi-library.org/qebc0295.htm.

[83] 无双. Uber 在韩国遭检方起诉 涉嫌违反乘客运输法 [EB/OL]. (2014-12-14) [2022-05-28]. http://tech.sina.com.cn/i/2014-12-24/doc-iavxeafr9291878.shtml.

[84] 赛迪网. Uber CEO 因涉嫌在韩国非法运营而面临 2 年监禁 [EB/OL]. (2014-12-25) [2022-05-28]. http://econ.taiwan.cn/it/201412/t20141225_8486896.htm.

[85] 小峰. 美国费城 48 家出租车公司起诉 Uber 非法运营 [EB/OL]. (2014-12-25) [2022-05-28]. http://tech.sina.com.cn/i/2014-12-25/doc-icczmvun4388999.shtml.

[86] 易木. Uber 将在美波特兰市停运 3 个月 本月 21 日开始实施 [EB/OL]. (2014-12-29) [2022-05-28]. http://it.people.com.cn/n/2014/1219/c1009-26240967.html.

[87] 鹦英. 印度央行行长:Uber 违反印度金融规则 [EB/OL]. (2014-12-29) [2022-05-28]. http://it.people.com.cn/n/2014/1229/c1009-26293546.html.

[88] 环球网. Uber 因"1 美元安全费"遭到集体诉讼 [EB/OL]. (2014-12-31) [2022-05-28]. http://it.people.com.cn/n/2014/1231/c1009-26304789.html.

[89] 刘春. Uber 在西班牙被禁止运营 将提起上诉 [EB/OL]. (2015-01-01) [2022-05-28]. https://news.mydrivers.com/1/363/363805.htm.

[90] 杜鹃. 纽约专车与出租车"共生"之道:市场细分、差异化运作 [EB/OL]. (2015-06-04) [2021-02-08]. http://ihl.cankaoxiaoxi.com/2015/0604/806455.shtml.

[91] 凤凰科技. 美加州裁定 Uber 司机应被视为员工或推高 Uber 成本 [EB/OL]. (2015-06-18) [2021-10-25]. https://tech.ifeng.com/a/20150618/41114256_0.shtml.

[92] 王晟. 法国出租车业的保守与 Uber 的冲击 [EB/OL]. (2015-07-28) [2021-02-08]. https://mp.weixin.qq.com/s?__biz=MzA5NzYzMzEwMQ==&mid=207739440&idx=2&sn=a13e673344eda6648e371b728dc70cf0&scene=4#wechat_redirect.

[93] 刘洋. Uber vs. 多伦多:新公共政策的博弈 [EB/OL]. (2015-08-04) [2021-02-08].

https://www.sohu.com/a/25644236_117499.

[94] 庄巧祎. Uber 在纽约:博弈不易[EB/OL].(2015-08-11)[2021-02-08]. https://www.sohu.com/a/26791268_117499.

[95] 新浪科技.加州 Uber 司机起诉案被视为集体诉讼[EB/OL].(2015-09-02)[2021-10-25]. https://tech.sina.com.cn/i/2015-09-02/doc-ifxhkafe6295461.shtml.

[96] 李燕霞.分类管理有利于实现出租汽车多样化服务[EB/OL].(2015-10-13)[2020-06-08]. https://www.zgjtb.com/zhuanti/2015-10/13/content_53436.html.

[97] 中国交通新闻网.国外政府如何对待网约车[EB/OL].(2015-10-14)[2022-05-28]. https://business.sohu.com/20151014/n423214617.shtml.

[98] 行之道.坦诚交流聚共识 寻求最大公约数——交通运输部出租汽车改革专家座谈会荟萃[EB/OL].(2015-10-23)[2020-06-08]. http://www.tranbbs.com/news/cnnews/news_174851.shtml.

[99] 交通运输部运输服务司.深化出租汽车行业改革两个文件征求意见总体情况分析报告[EB/OL].(2015-11-29)[2022-05-28]. http://news.cnr.cn/native/gd/20151129/t20151129_520628622.shtml?tag/j9k0g.

[100] 西西里闷牛. Uber 的西雅图抗争:全球专车合法性问题的缩影[EB/OL].(2015-12-28)[2021-02-08]. https://business.sohu.com/20151228/n432748640.shtml.

[101] 麦玮琪.合同工 vs 雇员:Uber 司机为什么被西雅图定义为后者?[EB/OL].(2015-12-29)[2019-05-28]. http://www.ifanr.com/600368.

[102] 蔓石.世界各地如何监管网约车[J/OL].新民周刊,[2016,4(5):80-83]. http://www.scicat.cn/new/20190218/491781.html.

[103] 郑城,苏奎.公平融合:公交都市新加坡的专车监管方案[EB/OL].(2016-04-26)[2020-06-08]. https://www.thepaper.cn/newsDetail_forward_1461278.

[104] 查丽华.美国加州劳动委员会关于优步与司机的劳动争议裁决[EB/OL].(2016-04-29)[2021-02-08]. http://www.360doc.com/content/16/0429/20/28009503_554879096.shtml.

[105] 中国新闻网.美两大拼车服务商暂停奥斯汀业务 指纹审查成焦点[EB/OL].(2016-05-10)[2021-02-08]. http://news.66wz.com/system/2016/05/10/104823147.shtml.

[106] ITF & 谭舒曼.全球共商互联网约车监管准则[EB/OL].(2016-06-03)[2020-06-08]. http://www.its114.com/html/news/survey/2016_06_70251.html.

[107] 央广网.加拿大多伦多市立法明确网约车监管方向[EB/OL].(2016-06-09)[2022-05-28].http://china.cnr.cn/xwwgf/20160609/t20160609_522361581.shtml.

[108] 央广网.互联网约租车如何纳入监管体制?[EB/OL].(2016-07-28)[2020-06-08].http://news.hsw.cn/system/2016/0728/427616.shtml.

[109] 央广网.网约车新政将于11月实施 盘点各国网约车命运[EB/OL].(2016-07-31)[2020-06-08].http://china.cnr.cn/qqhygbw/20160731/t20160731_522840025.shtml.

[110] 新华网."他山之石",世界各国如何管理网约车?[EB/OL].(2016-10-12)[2020-06-08].http://www.xinhuanet.com//world/2016/10/12/c_129318233.htm.

[111] 郑城,冯苏苇.出租汽车行业与"分享经济"两全其美,何以可能?[EB/OL].(2016-11-15)[2020-06-08].https://www.thepaper.cn/newsDetail_forward_1561851.

[112] 柯振兴.英国最高院认定Uber司机属于Worker,并非雇员(Employee)[EB/OL].(2016-11-15)[2019-06-13].https://zhuanlan.zhihu.com/p/355236290.

[113] 李明.Uber在韩国被认定违法:低端服务UberX被叫停[EB/OL].(2017-04-26)[2022-05-28].https://tech.sina.com.cn/i/2017-04-26/doc-ifyepsec1405826.shtml.

[114] 书聿.Uber接送机服务涉嫌不正当竞争 遭西班牙监管调查[EB/OL].(2017-07-24)[2022-05-28].http://tech.sina.com.cn/i/2017-07-24/doc-ifyihrmf3266292.shtml.

[115] 泉州晚报.泉州网约车细则有6大调整 车价不得低于主流出租车1.2倍[EB/OL].(2017-09-20)[2022-05-28].http://www.qzcns.com/qznews/2017/0920/498504.html.

[116] 浙江新闻客户端.杭州网约车出租车5月1日起要按这个新条例监管了[EB/OL].(2018-04-25)[2022-05-28].https://zj.zjol.com.cn/news.html?id=925377.

[117] 东京Neko说.日本打车安全吗?网约车在日本为什么不被待见?[EB/OL].(2018-05-11)[2021-05-28].https://www.163.com/dy/article/DHHU8GJK0525N0LQ.html.

[118] 卢梦君.交通运输部1个月9次发文评网约车:新业态不是"法外之地"[EB/OL].(2018-05-11)[2022-05-28].http://finance.sina.com.cn/roll/2018-05-11/doc-ihamfahw6519673.shtml.

[119] 浙江政务服务网.《杭州市网络预约出租汽车经营服务管理实施细则》政策解读

（一）[EB/OL].（2018-06-21）[2022-05-26]. http://www.hangzhou.gov.cn/art/2018/6/21/art_1476627_4369.html.

[120] 史兆琨.网约车监管：如何实现安全与发展并重[EB/OL].（2018-08-01）[2022-05-28]. http://newspaper.jcrb.com/2018/20180801/20180801_005/20180801_005_1.htm.

[121] 智慧交通网.网约车监管成世界性问题，各国监管殊途同归[EB/OL].（2018-08-24）[2022-05-28]. http://www.its114.com/html/news/survey/2018_08_96442.html.

[122] 半月谈.日本禁止"滴滴打车"的根本原因！[EB/OL].（2018-08-27）[2021-02-08]. https://www.sohu.com/a/250358079_184492.

[123] 六朝传媒.如何监管网约车？加拿大多伦多市立法了！[EB/OL].（2018-08-27）[2022-05-28]. https://www.sohu.com/a/250217040_752218.

[124] 蓝科技网.Uber西班牙终有劫难 但这次他不孤单还有垫背的[EB/OL].（2019-03-11）[2022-05-28]. https://www.sohu.com/a/300400064_188923.

[125] 亚时财经.为何Uber在韩国举步维艰？[EB/OL].（2019-09-09）[2022-05-28]. http://atimescn.com/FinancialfinanceView-8078.html.

[126] 银川市交通运输局.《银川市网络预约出租汽车经营服务管理实施细则》修订主要内容解读[EB/OL].（2019-11-29）[2022-05-28]. http://www.yinchuan.gov.cn/xxgk/bmxxgkml/sjtj/xxgkml_2231/zcjd_2240/202004/t20200430_2054817.html.

[127] 深圳市交通运输局.新注册网约车须为纯电动车[EB/OL].（2019-11-29）[2022-05-28]. http://jtys.sz.gov.cn/zwgk/ztzl/jcjd/gyszswlyyczqcjyfwglzxbfdzcjd/mtbd_191461/content/post_6884183.html.

[128] 中国新闻网.美国加州法官裁决Uber和Lyft须将驾驶员列为正式员工[EB/OL].（2020-08-11）[2022-05-28]. https://www.chinanews.com.cn/gj/2020/08-11/9262087.shtml.

[129] 孟哲.加州上诉法院裁定Uber（UBER.US）、Lyft（LYFT.US）败诉，要求将司机归类为雇员[EB/OL].（2020-10-23）[2021-10-25]. https://www.zhitongcaijing.com/content/detail/350619.html.

[130] 任美星.加州法庭裁定：Uber和Lyft必须将司机归为雇员[EB/OL].（2020-10-24）[2021-10-25]. https://news.sina.com.cn/o/2020-10-24-doc-iizncktc7424013.shtml.

[131] Danielle Abril.任文科译.加州通过22号提案，"零工"公司斩获重大胜利[EB/

OL]. (2020-11-05) [2021-10-25]. http://www.fortunechina.com/shangye/c/2020-11/05/content_380807.htm.

[132] 澎湃新闻. 英高法判定优步司机为工人,是零工斗争界的喜讯吗[EB/OL]. (2021-02-27)[2021-10-25]. https://www.163.com/dy/article/G3ROJAUH0514R9P4.html.

[133] 中新经纬客户端. 劳工维权胜诉 优步将英国司机重新归类为"雇员"[EB/OL]. (2021-03-18)[2021-10-25]. http://intl.ce.cn/sjjj/qy/202103/18/t20210318_36389589.shtml.

[134] 广州市交通运输局 广州市公安局关于查处道路客运非法营运行为涉及私人小客车合乘认定问题的意见[EB/OL]. (2022-01-01)[2022-05-28]. https://www.chengenghua.com/10512.html.

[135] 小咖科技:2022年3月21日,温州市发布网约车实施细则[R/OL]. (2022-03-24)[2022-05-28]. http://www.rvakva.com/4739.html.

[136] 潇湘晨报. 深圳发布暂行办法:网约车司机不再有户籍或居住证要求[EB/OL]. (2022-05-26)[2022-05-28]. https://www.yoojia.com/article/9736739255703707798.html.

后记

出租汽车行业深化改革是一个复杂的、系统的工程,新老问题叠加,新旧矛盾交织。近年来,交通运输主管部门通过推动运价改革、规范网约车健康发展、推广典型经验等多项措施,不断深化出租汽车行业改革,促进了出租汽车新老业态融合发展。出租汽车新老业态的融合发展,也亟须在价格管理、就业保障和竞争环境等方面创新突破。

本书是在多年对出租汽车行业,特别是对网约车研究和积累的基础上完成的。其间,交通运输部运输服务司等司局领导、交通运输部科学研究院各级领导和同事们给予了长期的支持和帮助。交通运输部科学研究院交通发展研究中心交通法规团队对出租汽车行业进行了系统深入的研究。在此谨向相关领导和同事们表示衷心感谢!在本书编写过程中,查阅并参考了大量国内外书籍和文献资料,在此也对诸位原作者表示感谢!

由于能力水平有限,不足之处,敬请读者批评指正!

编著者
2023 年 2 月